Franz Schmatz

MITEINANDER LEBEN LERNEN

Franz Schmatz

Miteinander leben lernen

Wegweiser zum Leben

NP

VERLAG NIEDERÖSTERREICHISCHES PRESSEHAUS
ST. PÖLTEN – WIEN

CIP-Kurztitelaufnahme
der Deutschen Bibliothek

Schmatz, Franz
Miteinander leben lernen

1. Auflage
Niederösterreichisches Pressehaus, 1985

ISBN 3 85326 744 0

1. Auflage 1985

Gesamtherstellung:
Niederösterreichisches Pressehaus Druck- und Verlagsgesellschaft mbH,
A-3100 St. Pölten, Gutenbergstraße 12

INHALTSVERZEICHNIS

WORUM GEHT ES?

„Miteinander leben lernen“ scheint auf den ersten Blick für einen Buchtitel zu schlicht zu sein. Marktforscher würden wohl einen aufwendigeren Titel vorschlagen.

Aber liegt nicht gerade die Wahrheit oft im Schlichten? Kommt uns nicht im Überdenken der drei Worte „Miteinander leben lernen“ sehr vieles in den Sinn und in das Herz? Lassen wir doch jedes Wort auf uns wirken! Was verbinden wir mit diesen Worten? Manches davon muß wohl zurechtgerückt werden.

Leider wird bei Themen dieser Art nur zu oft moralisiert. Das Negative des Moralisierens besteht darin, daß der Moralisierende meint, alles zu wissen, und seine „Erkenntnisse“ dem anderen aufzwingen will, ohne die Einzigartigkeit des anderen anzuerkennen. Der Moralisierende zwingt dem anderen seinen Weg auf, motiviert ihn aber nicht, eigene Wege zu suchen. Ähnlich machen es die sogenannten „Experten“, jene, die auf alles sofort eine Antwort parat haben. Wer so handelt, kommt für eine Begleitung hin zu erfüllterem Leben kaum in Frage. Wirkliche Lebensbegleiter können nur Menschen sein, die selbst „Suchende“ bleiben. Wer nämlich selber nicht mehr sucht, wird unfähig, den anderen dazu aufzufordern. So wie nur trösten kann, wer sich selbst des Trostes bedürftig weiß.

Miteinander leben lernen heißt nicht vordergründig, jeweils dem anderen das Leben vorzuzeigen bzw. dem anderen das Wie des Lebens abzuschauen, sondern einander zu helfen, das Wesentliche zu finden und so zu einer sinnerfüllten Lebensgestaltung zu kommen, im Kleinen wie im Großen.

M i t e i n a n d e r – für die einen ein idyllisches Gefühl vermittelndes Wort, für andere, vom Du Enttäuschte, Impuls zur Auslösung massiver Aggressionen. Wahrscheinlich nehmen wir dieses Wort zu oft in den Mund, predigen zu oberflächlich darüber und treiben allen erdenklichen Unfug damit.

Die Wirklichkeit, die dahinter steht, bleibt in ihrer Faszination zu oft verdunkelt. „Miteinander" ist verwandt mit „Liebe". Vielleicht deshalb der ununterbrochene Mißbrauch, die alltägliche Vergewaltigung dieses Wortes. „Miteinander" umfaßt alle Dimensionen des Mensch-sein, den immanenten und den transzendenten Bereich.

Meine Existenz ist nur möglich, weil das Du existiert. Ich kann antworten, weil ich angesprochen bin; schenken, weil jemand da ist, der empfängt; annehmen, weil jemand gibt. Es gibt kein Fest ohne das Du, keine Zukunft ohne das Wir. Ich kann zu mir selber kommen, wenn ich mich auf den Weg mache zum Du. „Miteinander" heißt vieles: freuen und leiden, herausgefordert sein und reifen, beisammen sein und in die Einsamkeit gehen, Hoffnung haben und sich ängstigen, lächeln und weinen, reden und schweigen, ruhig werden und hinausrufen, aufeinander zugehen und Abschied nehmen, Ich sagen und Du rufen... Das Miteinander macht das Leben vielfältig, spontan, kreativ, veränderbar, zukunftsträchtig, aber auch bedrohlich, unbequem und traurig. Wo ein Miteinander ist, dort gibt es Spannung. Sie kennt als mögliches Resultat die Teilhabe an der Fülle des Lebens, aber auch das Abgleiten in die tödliche Beziehungslosigkeit.

Für den Glaubenden ist das Miteinander nicht nur mitmenschliche Verpflichtung im Sinne einer humanistischen Einstellung, sondern göttliches Geschenk. Dies deshalb, weil Lebensfülle nur mit dem Du Gottes und in der Gemeinschaft mit den Menschen möglich ist. Seligkeit schließt immer schon das Du ein! Aktuelle Probleme scheinen uns ohnedies wieder stärker auf das Miteinander hin zu orientieren: die Sorge um den Frieden zum Beispiel, die wachsende Zerstörung der Umwelt. Der Blick nicht nur auf Technik und Fortschritt, sondern vermehrt auch auf die Ethik, die ausdrückliche Betonung der Verantwortung, setzt das nicht Zeichen in dieser Richtung?

Doch nicht die Ersetzung der Individualität durch das Miteinander ist verlangt, sondern Individualität in Gemeinschaft. Nichts ist nämlich lebensbedrohender als ein Entweder–Oder! „Miteinander" heißt, daß wir sie alle brauchen: die Utopisten und die Realisten, die Stürmer und die Bremser, die Rufer und die Schweigenden, die Lachenden und die Weinenden, die Mutigen und die Behutsamen... Sie zeigen, was Leben ist! Wenn ich auf mich selber blicke, werde ich daraufkommen, daß diese alle auch in mir selber sind. Welch wunderbare Vielfalt des Lebens in mir, in anderen, in uns!

Leben – Auf die Frage, was denn nun „Leben" eigentlich bedeutet, gibt es wahrscheinlich so viele Antworten, wie es Menschen gibt. Unwillkürlich kommt einem hier die Heilige Schrift in den Sinn. Die Verfasser des Alten und des Neuen Testaments legen das Leben keineswegs starr mit einer Definition fest, sondern verwenden viele Bilder von überallher, einfache und großartig ausgeführte, um erahnen zu lassen, was Leben in seiner Ganzheit im Grunde bedeutet. Sie lassen diese Umschreibungen, diese Bilder grenzenlos offen. Wohl deshalb, damit auch wir unseren Mosaikstein, unsere Vision von Leben, hinzufügen können, damit auch ich diese Geschichte vom Leben durch meine Deutung und meine Gestaltung des Lebens mitschreiben kann.

In diesem Sinne möchte auch das vorliegende Buch nicht etwas vorsetzen oder gar rezeptartig verordnen.

Es will helfen, auf die Frage „Was ist Leben?" durch bewußteres Leben ganz aus uns selbst Antwort zu geben.

Nicht wenige schreien heute förmlich hinaus: „Zeig mir, wie das Leben geht!" Es gibt dafür aber kein Rezept, kein Modell, das man nachmachen könnte und mit dem das erhoffte Glück schon mitgeliefert würde. Gottseidank gibt es das nicht. Das wäre nämlich kein Leben mehr, sondern determinierter und damit frustrierender Ablauf, ein Funktionieren und nicht ein Existieren. Ich kann natürlich schauen, wie der andere an sein Leben herangeht: meine Mutter, mein Vater, meine Frau, mein Mann, mein Sohn, meine Tochter, unser Pfarrer, unser Bürgermeister. Aber das heißt noch lange nicht, daß ich mein Leben auf die gleiche Weise gestalten darf. Wohl kann und soll ich vieles lernen, wenn ich auf die Lebensgestaltung anderer blicke, aber ich habe *meine* Lebensgeschichte zu verfassen, und die ist nun einmal ganz sicher anders als die der Beobachteten. Mich beeindruckt das stets aufs neue bei unseren großen Heiligen: Jeder wollte Christus nachfolgen, aber für keinen bedeutet Nachfolge Konformismus. Jeder ist *seinen* Weg gegangen, hat *sein* Leben gestaltet, ist auf *seine* Weise Jesus gefolgt – und dies so gut, daß sie uns Vorbilder sind, auch in der Einzigartigkeit ihres Lebens. Leider respektieren wir das sogar in unseren kirchlichen Verkündigungen viel zuwenig. Wir moralisieren, statt Mut zu machen und auch dem anderen zuzumuten, seinen persönlichen Weg der Nachfolge zu gehen. Wie oft maßen wir uns doch an, die Qualität des Lebens, des Glaubens, der Hingabe anderer zu beurteilen und auf die Waagschale zu werfen. Wurde nicht auf diese Weise schon so manchem Heiligen die erstklassige Güte seines Weges der Nachfolge abgesprochen, obwohl er durch sein Sosein wahrhaft Zeugnis gab?

Wir Christen sind heute in unseren Familien und Pfarren nicht selten deshalb eine so wenig erquickende Gemeinschaft, weil uns der Blick auf die Vielfalt und Fülle des Lebens, wie wir es aus dem Glauben wissen, durch diverse Einflüsse verstellt ist. Bleibt zu hoffen, daß man uns aus unserer Lethargie noch gehörig aufweckt, damit wir wieder zu Menschen werden, die Leben künden und gestalten! Als Glaubenden ist uns ein unendlicher Lebenshorizont, grenzenlose Lebensfülle zugesagt und bereits geschenkt und zur Ausgestaltung übertragen. Dazu ist uns von Gott her auch noch der Beistand, der Geist Gottes, angeboten. Dieser mahnt und hilft mir, im Miteinander mein Leben zu gestalten.

Das Leben hält so vieles für uns, für mich bereit, egal wer, was und wie ich bin. Ich müßte mich nur auf den Weg machen, es zu finden!

L e r n e n – Es mag für viele zunächst anstößig sein, diesen Begriff hier zu verwenden. Durch gegenteilige Erfahrungen können es viele Menschen gar nicht mehr hören, wenn davon die Rede ist, daß wir doch letztlich für das Leben und nicht für die Schule lernen. Gerade bei Schülern erntet man für derlei Ansichten bestenfalls ein spöttisches Lächeln. Allein diese Tatsache sollte uns zwingen, gemeinsam zu überlegen, was alles zu verändern ist, damit es wieder möglich wird, wirklich für das Leben, für *mehr* Leben zu lernen. Der Begriff „lernen" soll in diesem Buch primär als dialogisches Geschehen verstanden werden, als Aktivität, die mich mit anderen in Austausch bringt, als Vorgang der Begegnung und wechselseitigen Begleitung, als Befähigung zum Hinhören und Antwort-geben, als Aufforderung, mich preiszugeben und auch wieder zu empfangen, als Weg der Einübung, der Selbstfindung und der Einbindung in die Gemeinschaft. Lernen beinhaltet Zurückblicken und doch ein gutes Maß mehr Vorwärtsschauen, verlangt innehaltendes Alleinsein und doch ein stets zunehmendes Miteinander-unterwegs-Sein. Lernen heißt so miteinander suchen, aber dann doch eine ganz persönliche, einmalige und einzigartige Antwort geben. Lernen bedeutet eigentlich, sich jedem Konformisums und Totalitarismus zu widersetzen, nicht passiv zu sein, an sich etwas geschehen zu lassen, sondern selbst aktiv zu gestalten. Lernen wird ja auch dort als besonders frustrierend erfahren, wo es aus bloßem Hinnehmen, im Konsumieren von Vorgesetztem, Vorgekautem besteht. In unseren Überlegungen soll es dagegen als aktiver, spontaner, kreativer, dynamischer und befreiender Vorgang betrachtet werden. Ich habe mein Leben in meiner Freiheit und Verantwortung zu gestalten und, wie bereits ausgeführt, deshalb auch mit den anderen. Wer es schafft, dagegen zu protestieren, daß alles im menschlichen Leben bloß als determinierter, automatischer Ablauf gesehen wird, kann nur staunen, wieviel an eigener Gestaltungsmöglichkeit zur Verfügung steht, trotz aller Eingrenzungen, die gar nicht bestritten werden sollen. Lernen ist daher aus dieser Sicht möglich und auch sinnvoll. Leben lernen bedeutet dann, immer tiefer in die Fülle des Seins einzutauchen, immer mehr fasziniert zu sein und zu staunen, welch unfaßbare Wirklichkeit hier auf uns wartet. Es lohnt sich, aufzubrechen und sich mutig auf den Weg zu machen.

Noch ein besonderes Wort an jene, die nicht, noch nicht oder nicht mehr im Glauben beheimatet sind: Nehmen Sie die Gedanken des Autors, der sich zum Glauben bekennt und ihn auch zu leben versucht, ohne Vorurteile an und prüfen Sie kritisch, ob in diesen Wurzeln nicht doch auch Wegweisung zu besserem Leben enthalten ist. Ich meine, die Sehnsucht nach Leben verbindet uns doch alle, über jede Grenze hinweg.

I. TEIL

DIE EIGENE KREATIVITÄT ENTDECKEN

Es gehört zum Wesen des Menschen, kreativ zu sein. Unsere Freiheit und unsere Fähigkeiten drängen uns auch ständig, schöpferisch zu sein. Die Möglichkeiten dazu sind in der Tat unbegrenzt. Aber leider gibt es viele Faktoren, die den Blick und den Glauben an diese Möglichkeiten trüben, die uns lähmen, entmutigen und so außerordentlich lebensbehindernd wirken.

Der tagtäglich auf uns einwirkende Zwang zum Konsum, die Tendenzen, unsere Verantwortung zu delegieren, das ständige Vorsetzen von bereits Definiertem, die Vorgaben durch die Werbung und die verflixte Versuchung, das und nur das zu tun, was „in" ist, stören, hemmen, ja töten unsere Kreativität.

Das Problem für mich ist, ob ich das auch erkenne, ob ich noch innehalten und fragen kann. Das Faszinierende der Kreativität müßte uns von der Sache her so stark packen, daß wir allen Versuchungen leicht widerstehen können. Welcher Eingriff in das Menschsein spielt sich hier doch ab, wenn dem nicht so ist.

Wie ist das mit meiner Kreativität? Lebe ich überhaupt kreativ?

So viele klagen heute, daß ihr Leben langweilig und eintönig, so ganz ohne Höhepunkte, so alltäglich wäre. Dabei hat jeder die Möglichkeit, dies noch heute, jetzt sofort, zu ändern.

Ich habe schon öfters Schwerkranke erlebt, die überaus kreativ waren. Vielleicht ist es das Wissen um das drohende Ende, das diese Kreativität auslöst. Andere wieder waren ihr Leben lang schon kreativ, und nun, da sie auf die Lebensfülle zugehen, verdichtet sich diese Kreativität geradezu. Wahrscheinlich brauchen wir

Menschen Grenzerfahrungen, um die Möglichkeiten der eigenen Kreativität zu entdecken, um festzustellen: So wie bisher kann es doch nicht weitergehen. Solche Wenden im Leben sind tief beglückend, wenn sie uns zur Kreativität hinführen oder besser gesagt: uns deren Möglichkeiten aufzeigen.

Ist Leben nicht schon deshalb schön, weil es die Kreativität gibt, weil wir fähig sind, schöpferisch zu sein, jeder auf seine Art? Das gilt auch für den, der sich vom Leben benachteiligt fühlt. Was haben nicht schon Leidende, Arme und Behinderte geschaffen, weil sie trotz der schrecklichen Dinge, die sie getroffen haben, ihre Möglichkeiten des Lebens entdeckt haben! Diese Menschen haben es nicht deshalb geschafft, weil andere ihnen das verordnet haben, sondern weil sie *ihren* Zugang zum Leben gefunden haben, weil sie *ihr* Credo engagiert und persönlich gesprochen haben. Viele von ihnen haben Gott erfahren, weil sie ihn in ihr Leben eingelassen haben, weil sie sich von ihm beschenken ließen und weil sie aus dieser Gabe etwas gemacht haben. Die Glaubenden müßten eigentlich die kreativsten Menschen sein. Gerade der Glaube – vorausgesetzt, er ist echt und nicht eine Hülse – eröffnet ungeahnte Möglichkeiten der Kreativität.

Ich höre schon die vielen Einwände, die dem Leser hier kommen, die gegenteiligen Erfahrungen mit sich selbst und mit anderen, die Hinweise auf ängstliche und gehemmte Christen usw. Und dennoch! Ich muß bei mir selber anfangen, um etwas verändern, zum Besseren wenden zu können, muß meinen Raum an Freiheit nützen, meine Verantwortlichkeit wahrnehmen, meine Fähigkeiten entdecken und meinen eigenen Weg gehen. Kann sein, daß mich dabei viele im Stich lassen oder versuchen, mich bloßzustellen, mir Vorwürfe machen (vielleicht auch nur, weil sie mich beneiden).

Wer kreativ ist, muß damit rechnen anzuecken, als ungewöhnlich empfunden, falsch eingeschätzt zu werden. Der Kreative ist ein Nonkonformist. Dafür dient er der Gesellschaft und der Gemeinschaft wirklich. So mancher große Heilige hat sich den Zorn zumindest der Mächtigen, auch in der Kirche, zugezogen. Damit sind sicher nicht alle in gleicher Weise fertig geworden. Aber ihr Gewissen, ihre Liebe zu Gott, zu den Menschen und zu sich selbst hat es ihnen ermöglicht, aus Glaube und Hoffnung Erträumtes auch zu verwirklichen, Visionen zu Taten werden zu lassen. Der Glaubende weiß, daß er seine Kreativität als Auftrag geschenkt bekommen hat. Und das macht unruhig, mitunter auch ungeduldig. Dies zwingt zum Aufbruch und überwindet die Versuchung, zu verweilen.

Das hier Gesagte soll jedoch weder Predigt noch Rezept sein. Die vorliegenden Zeilen möchten Motivation sein, wenn erwünscht auch ein wenig Begleitung, Ermutigung zum Suchen und zum Fragen, zum Ausschau-halten nach neuen Möglichkeiten. Die Antwort muß freilich jeder ganz für sich allein finden. Aber wir sollen miteinander überlegen, wo es Ansätze geben könnte, die eigene Kreativität zu entdecken und auch anderen dabei zu helfen.

Kreativität hat mit allen unseren Lebensbereichen zu tun. Es beginnt, wenn ich morgens aufwache, meinen Ehepartner und meinen Kindern einen guten Morgen wünsche, bete, zur Arbeit gehe, arbeite, Menschen treffe, gesellschaftlichen Verpflichtungen nachkomme, Sport betreibe, Kunst genieße, die Natur erlebe, in die Kirche gehe, andere besuche, heimgehe... Es kann das alles zu reinster Routine werden, so alltäglich im negativen Sinn, daß ich gar nicht mehr erfahre, daß ich lebe. Das kann so weit führen, daß ich nur mehr wie eine Maschine ablaufe, daß ich meine mir bleibende Freiheit, meine mir trotz allem bleibenden Möglichkeiten nicht mehr nütze. Dann aber wird es mit der Zeit frustrierend und deprimierend. Kreativ sein bedeutet nun, sich nicht einfach nur in laufende Prozesse hineinnehmen zu lassen, sondern selbst zu gestalten. Auch wenn ich tagtäglich wiederkehrende Aufgaben zu erfüllen habe, bleibt noch ein Rest von Möglichkeiten für die eigene Kreativität. Ich kann mich darüber ärgern, daß ich jeden Tag die gleiche Strecke zur Arbeit fahren muß, kann mich dadurch frustrieren lassen. Aber ich kann mir auch sagen, daß ich die Chance habe, in dieser Zeit geistig aktiv zu sein, Pläne zu entwerfen, Visionen nachzugehen, Gedanken zu entfalten, die ich dann zu gegebener Zeit zu realisieren trachte.

Es liegt also an mir, ob ich die Zeit bloß totschlage oder sie nütze im Sinne meiner Kreativität. Das war nur *ein* Beispiel. Jedem von uns fallen aus seinem Leben sicher weitere dazu ein.

In diesem Sinne ist es natürlich gut, von Zeit zu Zeit bewußt innezuhalten. Anlaß dazu kann ein Besinnungstag, ein gezieltes Gespräch mit dem Ehepartner, ein Besuch bei einem Kranken, eine einsame Bergwanderung oder ähnliches sein.

Geradezu eine Möglichkeit der Verdichtung von kreativem Handeln sehe ich dort, wo Menschen bewußt mit anderen gemeinsam Leben gestalten, zum Beispiel in Ehe und Familie. Hier kommt ja auch die gewaltige Chance hinzu, nicht nur selbst kreativ zu sein, sondern auch andere zur Kreativität zu motivieren. Glücklich etwa die Kinder, die von ihren Eltern lernen können, wie erfüllend Leben sein kann, wenn man die Möglichkeiten der eigenen Kreativität entdeckt. Das heißt natürlich nicht, daß ich meinen Kindern vorschreibe, auch dort oder gar nur dort kreativ zu sein, wo ich es bin. Insofern würde ich wieder lebensbehindernd wirken.

Wir sollten dies auch vom Glauben her ernster nehmen. Jesus spricht von Talenten. Der eine hat die, der andere jene. Es gilt die zu entdecken und zu verwirklichen, die ich habe, und dies auch dem anderen tun zu lassen. Ich darf hierin den anderen nicht bevormunden. Was ich darf, ist, ihn zu einer Stellungnahme, zu einer Wertung zu motivieren, aber nicht dies für ihn vorzunehmen. Nicht nur ich habe ein Gewissen, auch der andere hat es. Der wirklich kreative Mensch hat einen weiten Horizont, ist ein toleranter Mensch, das heißt einer, der jedem anderen seine Würde nicht nur zuspricht, sondern sie ihm auch läßt. Der wirklich kreative Mensch, der seine Verantwortung wahrnimmt, ist nicht so eng und ängstlich, daß er überall nur Gefahren wittert, nur Defizite sieht. Nicht aus einer Haltung des Indifferentismus, allem zuzustimmen, sondern aus Ehrfurcht vor dem Du nimmt er zumindest bis zum Beweis des Gegenteils beim anderen gute Absichten, edle Motive an. Letzteres ist doch an sich schon kreativitätsfördernd. Hier hat jeder von uns eine außerordentlich hohe Verantwortung, besonders wir Christen.

All das verlangt von vielen von uns, andere Konzeptionen zu finden, eingelernte Modelle vielleicht aufzugeben oder zumindest zu korrigieren. Wer etwa in der Begleitung anderer steht, wird wegkommen müssen von der Tendenz, zu bewahren, sozusagen immer darauf fixiert zu sein, gerade das, was noch da ist, retten und verteidigen zu wollen.

Kreativ sein heißt nun einmal offen sein, ja auch offensiv sein, beweglich sein, dem Sinn auf der Spur sein, auf der Seite des Lebens stehen, selbst dort noch Möglichkeiten entdecken, wo andere längst keine mehr sehen.

Ich habe den Eindruck, diesen Auftrag auf jeder Seite der Heiligen Schrift vorzufinden. Das ist doch das befreiende und damit beglückende Wesentliche des Christentums. Gott ist ein Gott des Lebens und nicht des Erstarrten, des Verkrusteten, des Statischen. Deshalb auch der so dynamische Lebensbegriff, den Jesus verkündet.

SICH SELBST BEJAHEN KÖNNEN

Selbstbejahung ist heute als Begriff in vieler Munde. Die einen verstehen den Inhalt dieses Begriffes in vielfacher Hinsicht emanzipatorisch, andere lehnen ihn kategorisch ab, weil sie damit Vorgänge im Sinne eines übersteigerten Egoismus vermuten. Oft wird auch aneinander vorbeidiskutiert, verdächtigt und verurteilt, weil Begriffe nicht korrekt geklärt werden.

Wir müssen in unseren Überlegungen in bezug auf das Leben viel über Selbstbejahung nachdenken.

Wir kennen den Inhalt des Liebesgebotes Jesu, insofern es die Beziehungen der Menschen regelt: „Du sollst deinen Nächsten lieben wie dich selbst" (Mt 22,38). Sprechen wir über dieses Gebot, so beziehen wir uns meist nur auf dessen ersten Teil, die Nächstenliebe. Den zweiten Teil, die Selbstannahme, Selbstbejahung, ja Selbstliebe unterschlagen wir. Vielleicht deshalb, weil wir dies einfach als Egoismus verdächtigen.

Viele Vorgänge im menschlichen Leben führen uns aber heute drastisch vor Augen, wie oft Hingabe an das Du trotz bestem Willen nicht gelingt, weil die dazu notwendige Selbstbejahung nicht oder nur teilweise gelingt. Lebenskrisen, Ehekonflikte, gestörte Beziehungen zwischen Eltern und Kindern, Krisen im Beruf und in der Berufung und auch Glaubenskrisen wurzeln oft im Defizit an Selbstannahme und Selbstbejahung. Und dies ist ein Teufelskreis. Jeder, der selbst nicht zur Selbstbejahung fähig ist, versperrt auch anderen den Weg dazu, stellt den Vorgang als negativ hin, disqualifiziert ihn als Egoismus und drängt ihn (zumindest unbewußt) in den Bereich der Sünde.

Leider sind wir auch in der kirchlichen Verkündigung vor diesem Teufelskreis nicht geschützt. Wie einem die Arbeit in der Seelsorge oft recht hart vor Augen führt, wird so manchem sein Selbstwertgefühl in verantwortungsloser Weise in Frage gestellt.

Woher kommt dies aber? Es darf vermutet werden, daß eine der Wurzeln ein falsches Verständnis von Demut ist. Die Stoßrichtung in der kirchlichen Verkündigung zielte und zielt relativ häufig auf „Demut" ab. Für alles und jedes, was dann in diesen Begriff hineininterpretiert wird, muß die Bibel als Absicherung und Quelle herhalten. So wird in diesem Zusammenhang sehr häufig ein Vers aus dem Matthäusevangelium zitiert: „Denn wer sich selbst erhöht, wird erniedrigt, und wer sich selbst erniedrigt, wird erhöht werden" (Mt 23,12). Es steht wohl außer Zweifel, daß Demut zum Wesentlichen einer christlichen Grundhaltung gehört. Jesus selbst hat Demut nicht nur verkündet, sondern bis hin zur Lebenshingabe für die Menschen eindrucksvoll vorgelebt. Sein Tod zum Heil der Menschen war aber nicht Selbstablehnung und Selbstaufgabe, sondern *Hingabe*. Ich kann mich nur an das Du verschenken, wenn ich um mein Selbst weiß, wenn ich mich mit meinen Chancen und Grenzen auch selber annehmen und bejahen kann. Vielleicht meinen manche, es ginge hier nur um Wortspiele. In der Tat geht es aber um Inhalte, die die ganze menschliche Existenz betreffen.

Es darf wohl behauptet werden, daß Selbstbejahung ein wesentliches Element christlichen Glaubens ist. Denn Selbstbejahung erschließt mir die frohe Wirklichkeit, daß ich nicht „irgendwer" in einer unüberschaubaren Masse bin, nicht „irgend jemand" in einer grenzenlosen Anonymität. Gott ist es, der mich als einzigartig, als Person, als wert-vollen Menschen nicht nur duldet, sondern annimmt, bejaht, liebt. Er ruft mich bei meinem

Namen und meint wirklich mich ganz konkret. Ich stehe als Liebens-würdiger vor ihm, und er will mir grenzenlose Lebensfülle schenken, egal ob ich klein oder groß, jung oder alt, gesund oder behindert bin. Selbst wenn ich für niemanden mehr wertvoll sein würde, wäre mir die Zuwendung Gottes sicher. Diese Liebe Gottes zu mir ist ungeschuldet und deshalb Geschenk. Gibt es da für mich eine bessere Antwort als die des Thomas zum auferstandenen Jesus: „Mein Herr und mein Gott!" (Joh 20,28)? Das ist christliche Demut! Gott als Quelle, als Geber aller guten Gaben anzuerkennen, seine Zuwendung anzunehmen, von ihm die Grenzenlosigkeit der Lebensfülle zu erwarten, mich als „Ich" auf sein „Du" verwiesen zu wissen. In bezug auf die Mitmenschen verlangt dies dann, als Beschenkter weiterzuschenken und bereit zu sein, selbst zu empfangen, um so Leben zu verdichten, wie es im Sinne Gottes ist.

In diesem Prozeß löse ich mich aber nicht einfach auf, gebe schon gar nicht mein Selbst auf. Schließlich soll ich ja für Gott und für meine Mitmenschen „Du" bleiben. Nur wenn ich bei mir selber bleibe, ja immer mehr zu mir selber komme (und das ist nur in der Begegnung mit und in der Hingabe an das Du möglich), kann ich auch demütig sein. Wenn ich diesen Vorgang zulasse und selbst aktiv gestalte, dann ist dies bereits ein Ankämpfen gegen Egoismus und gegen Machtstreben.

Wer lernt, sich selbst zu bejahen und richtig einzuschätzen, wird dies auch dem anderen zugestehen. Doch oft reden gerade jene ständig von Selbstaufgabe, die entweder ihr eigenes Selbst nie gefunden haben oder aber einfach Macht über andere gewinnen wollen. Und dem gilt es Widerstand zu leisten, um Gottes und der Menschen willen. Im schon erwähnten biblischen Ansatz des Liebesgebotes wird doch klar, daß der, der sich selbst nicht lieben kann, auch den Nächsten nicht wirklich lieben wird. Wer seinen eigenen Wert nicht findet, wird auch den Wert des anderen nicht anerkennen. Es gibt genug Beispiele, die uns zeigen, daß die Aufgabe des eigenen Selbst direkt in den Haß mündet. Dies ist fast eine logische Konsequenz.

Das hier Gesagte verlangt ein Umdenken. Die Frage ist nicht nur legitim, sondern geradezu lebensnotwendig zu stellen: Wer bin ich? Und es gilt sofort weiterzufragen: Wer will ich sein? Ich muß auch recht offen und kritisch überlegen, wer denn nun eigentlich bestimmt, wer ich bin und wer ich sein will! Die Verantwortung für dieses Sein und Werden habe nämlich ich zu übernehmen. Leben ist nicht einfach ein Geschehen-lassen, sondern ein Gestalten-müssen.

Wer sich ganz bejahen kann, der wird auch zu grenzenloser Hingabe fähig sein, der kann dann auch wirklich sich selbst verschenken und nicht bloß irgend etwas von sich.

Wieviele Ehen könnten besser gelingen, wenn die Partner zuerst zu sich selbst gefunden hätten, bevor sie versuchten, sich dem Du hinzugeben? Wieviele Menschen könnten ihren Griesgram und Zynismus ablegen, würden sie ihren Selbstwert entdecken? Wieviel an Neid und Boshaftigkeit könnte erspart bleiben, wenn es gelänge, anstatt der fixierten Vorzüge der anderen auch die eigenen Fähigkeiten und Möglichkeiten zu entdekken. So viele von uns sind unnötig und unberechtigt unglücklich! Statt hier zu lösen und zur erlösenden Befreiung hinzuführen, verstärken wir diesen unglückseligen Zustand, indem wir die Menschen mit einem falschen Demutsbegriff zur Flucht vor sich selbst verführen. Das aber ist nicht nur unverantwortlich, es ist auch unchristlich. Selbsterfahrung darf nicht einfach als Selbstbespiegelung diskriminiert werden (nur weil ich vielleicht Angst vor Selbsterfahrung habe), und Selbstwert darf nicht oberflächlich mit Egoismus gleichgesetzt werden (nur weil mir der Selbstwert fehlt oder ich Macht über den anderen gewinnen will).

Als Mittel zur Unterscheidung haben wir unser Gewissen, können wir auf das Wort Gottes hinhören und uns von ihm erfüllen lassen. Wir sind keine Marionetten! Jeder von uns steht in seiner Einmaligkeit und Einzigartigkeit vor Gott und den Mitmenschen. Je mehr ich das entdecke, bejahe und mich darüber freuend auch als Aufgabe sehe, desto mehr werde ich auch die Einmaligkeit und Einzigartigkeit des anderen entdecken, bejahen und mich darüber freuen können.

Selbstbejahung gehört zur Menschenwürde und ist deshalb auch als Menschenrecht anzusehen. Mich selbst zu bejahen ist ein Auftrag auch aus meiner Freiheit heraus, die mir gegeben ist. Selbst dort, wo andere mich beherrschen und einengen, demütigen oder gar fertigmachen wollen, bleibt mir immer noch ein „heiliger" Rest an persönlicher Freiheit: die Möglichkeit, zu mir selber zu stehen, meinen Wert zu behaupten, zu mir selber ja zu sagen. Wir sollten tagtäglich von dieser Freiheit Gebrauch machen und so unsere Menschenwürde zur Entfaltung bringen.

Denken wir doch einmal ehrlich nach, wie es mit unserer Selbstbejahung, mit unserem Selbstwertgefühl, mit unserer Selbsterfahrung und damit mit unserer Menschenwürde aussieht! Dieses Nachdenken ist nicht krankhaft, wie manche behaupten. Krank macht das Blockieren, das Verteufeln dieses lebensnotwendigen Prozesses.

Selbstbejahung ist nicht Selbstzweck und darf mit Selbstherrlichkeit und Selbstüberschätzung nicht verwechselt werden, denn Selbstbejahung öffnet das Tor zum Du, während Selbstherrlichkeit und Selbstüberschätzung in die Enge, in die Isolation führen. Gesunde

Selbsteinschätzung ermöglicht die befreiende Begegnung mit dem Du. Selbstaufgabe führt zu Abhängigkeit, Selbstannahme dagegen ermöglicht Hingabe.

Gott ruft mich bei meinem Namen. Ich bin gemeint, und ich bin geliebt. Das ist Voraussetzung für den nächsten Schritt: Ich bin gesendet, gesendet zum Du. Deshalb das Gebot Gottes „Du sollst deinen Nächsten lieben wie dich selbst" (Mt 22,38). Es geht um das ganze Gebot, die ganze Wahrheit, das ganze Leben. Jede Verkürzung in die eine oder die andere Richtung ist lebensbedrohend, also unchristlich.

Laß mich ja sagen auch zu mir!

Herr, Du hast mich ins Dasein gerufen
und vom Anfang an geliebt.
Nun stehe ich mitten darin in diesem Leben.
Umgeben von vielem: geliebt, umsorgt, getragen,
angefeindet, in Frage gestellt und allein gelassen.
Ich frage zaghaft: Wer bin ich? Was will ich?
Wie werde ich? Wohin gehe ich?
Meist schaue ich auf andere: Wie machen sie es?
Von allen Seiten ruft man: So hast du zu sein!...
Habe ich wirklich so zu sein?
Bin ich nicht von Dir, Herr, gerufen, ICH zu sein?

Herr, ich weiß, daß du mich liebst!
Du gabst mir einen Namen, und so wurde ich:
einmalig, unaustauschbar, unverwechselbar, einzigartig.
Du liebst mich, Herr, mich mit meiner Lebensgeschichte.
Du befreist und erlöst mich, Du schenkst mir Leben.

Laß mich deshalb ja sagen zu mir,
damit ich ja sagen kann zum Du!

GRENZEN: FURCHTBAR ODER FRUCHTBAR?

Der Mensch, das begrenzte Wesen! Dieser Satz könnte wohl über allen unseren persönlichen Lebensgeschichten stehen. Unser Denken, Fühlen, Wollen und Können stößt ständig an Grenzen. Etwas dramatisiert dargestellt, können wir sagen, unser ganzes Leben ist eine einzige große Grenzerfahrung. Die massivste und ungewollteste Grenze ist dabei der Tod.

Wie sollen wir nun diese Grenzen sehen? Die Reaktionsmuster im Hinblick auf die Erfahrung von Grenzen sind in der Tat recht unterschiedlich. Wir können die Grenzen verdrängen, können sie anstarren und klagend fixieren. Es liegt in unserem Ermessen, sich den Grenzen widerspruchslos hinzugeben oder sich ihnen zu stellen, sie als Herausforderung anzunehmen und auf diese Weise Furchtbarkeit in Fruchtbarkeit zu verwandeln.

Um es gleich vorwegzunehmen: die Grenzen und das Erleben von Grenzen lassen in uns den Wunsch nach Grenzenlosigkeit wie ein Samenkorn aufgehen und wachsen. Und das ist gut so. Ja, wir sollten uns gegenseitig ermutigen im Träumen von der Grenzenlosigkeit. Tagtäglich sollten wir unsere Vision von der Grenzenlosigkeit des Raumes und der Zeit, des Schenkens und Empfangens, des Denkens und des Fühlens, des Liebens und des Lebens entfalten und verdichten. Glaubende sollten diese Entwicklung geradezu stürmisch vorantreiben und anfeuern, weil sie wissen, daß diese Sehnsucht nach Grenzenlosigkeit, nach Fülle des Lebens, vom grenzenlosen, unendlichen Gott selbst herkommt.

Kehren wir aber in unseren Gedanken nochmals zu den Grenzen zurück, den Grenzen, die weh tun, Leben bedrohen, Visionen unterdrücken und Hoffnungen zerstören können. Ich meine, es wäre gut, jetzt einmal innezuhalten, sich zu fragen: Wo erlebe ich Grenzen, welche Grenzerfahrungen schmerzten mich bisher am meisten, welche Grenzen will ich am wenigsten wahrhaben, wie reagiere ich in Grenzsituationen, wo bin ich bisher an Grenzen gereift, weil ich ihre Herausforderung angenommen habe? Was tue ich und was geschieht mit mir, wenn ich an der Grenze stehe – wenn Krankheit die Leistungsfähigkeit reduziert, Leid die Lebensfreude zu zerstören droht, Wohlwollen mit Gemeinheit beantwortet wird, guten Absichten Böses unterstellt wird, Investitionen nicht zum Erfolg führen, sondern fehlschlagen, mühsam aufgebaute Beziehungen zerbrechen, Sicherheit im Glauben dem Zweifel weicht... Die Grenzerfahrung kann furchtbar werden, wenn ich immer nur Ausschau halte, was *man* tut, wie *man* reagiert... Da ich der Betroffene bin, geht es um *meine* Entscheidung, um *meine* Einstellung, um *mein* Handeln. Natürlich soll ich offen sein für Begleitung und für mögliche Wegweisung. Aber herausgefordert bin ich selber. Wenn ich das nicht erkenne, dann werde ich nicht begleitet, sondern getrieben, dann werde ich nicht motiviert, meine Entscheidung gut zu treffen, sondern mir wird die Entscheidung verordnet und aufgezwungen. Menschlich leben heißt selber leben, den vielen Versuchen der Manipulation Widerstand zu leisten und verordnete Rezepte abzulehnen. Wo der Mensch nicht selbst lebt, sondern von anderen „gelebt" wird, dort entsteht das wahre Elend. Würden wir die vielen Rezeptbücher dem Feuer übergeben, könnte sich endlich unsere eigene Kreativität entfalten. Dann könnte aus dem Nachmachen das eigene Gestalten, aus dem geistlosen Nachplappern das persönliche Wort werden, und Richtschnur für unsere Lebensgestaltung wären nicht unreflektierte Allgemeinplätze, sondern unser Gewissen.

Der Glaubende darf in diesem Zusammenhang dankbar festhalten, daß uns der Schöpfer nicht nur in Einzigartigkeit gewollt und geschaffen hat. Er hat uns auch so großartig ausgestattet, daß jeder von uns sein einzigartiges, unverwechselbares und einmaliges Leben gestalten kann. Und so stelle ich mir im Hinblick auf die schwierigste Grenzerfahrung, nämlich das Zugehen auf den Tod, die Sterbestunde, dann am erträglichsten vor, wenn ich sagen kann: Ich habe den Auftrag erfüllt und dieses mein Leben gestaltet, ich habe es nicht „leben" lassen, sondern es selbst gelebt. Als Glaubender möchte ich betend hinzufügen können: Herr, ich danke Dir, daß ich gerade in meiner Einmaligkeit Dein Ebenbild sein darf. Und dann möchte ich bitten können, daß alles Furchtbare meines Todes hineinreifen möge in die Fruchtbarkeit einer Vollendung, die ich mir als Fülle des Lebens erwarte.

Aus meiner Lebensgeschichte und der darin eingeflossenen Begegnungen mit Menschen in massiven Grenzerfahrungen (z. B. Sterbenskranken) komme ich immer mehr zur Überzeugung, daß auch jede noch so furchtbar scheinende Grenzerfahrung zu einer fruchtbaren Erweiterung der Lebensmöglichkeiten führen kann und daß der beste Weg dorthin die Einübung im Kleinen ist. Die Grenze im Kleinen birgt in sich schon die Verwiesenheit auf die Grenze im Großen. Letztere kann von dem bewältigt werden, der in vielen kleinen Grenzerfahrungen die Annahme der Herausforderung lernend eingeübt hat. Oft können wir in der Grenzsituation selbst nicht sagen oder nicht einmal erahnen, was da noch Positives darin enthalten sein soll. Und es kann uns müde, depressiv und vielleicht auch aggressiv machen, wenn wir dabei ungeduldig „Warum?“ schreien. Mitunter besteht sogar die Gefahr, zu verzweifeln und aufzugeben, weil die Antwort nicht gleich gegeben werden kann. Im nachhinein aber, wenn wir die Geduld aufgebracht haben, sagen wir nicht selten, daß wir jetzt den Sinn entdeckt hätten. Und besonders beglückt es uns, wenn wir die Antwort selbst gefunden haben und sie uns nicht einfach vorgegeben oder gar aufgezwungen wurde. Diesen Prozeß sollten wir oft und oft, im Kleinen beginnend, durchleben, selber gestalten und reflektierend aufarbeiten.

Es ist gut, in der Grenzerfahrung sich von anderen begleitet zu wissen, beim Suchen unterstützt zu werden. Aber es ist notwendig, die Antwort selber zu geben und in persönlicher Verantwortung zu leben. Nur so kann geschehen, was wir ehrfurchtsvoll Reifung nennen wollen. Das hält dann auch, das bringt uns weiter, das bleibt uns für alle Zukunft, weil es eben echt und nicht Schablone ist. Schablonen und Masken, Rezepte und Modelle bekommen wir in Überfluß im Supermarkt des Lebens; Echtes müssen wir selber schaffen. Bequemer ist ersteres, erfüllender letzteres.

Es ist also Umdenken verlangt, von jenen, die vor oder in Grenzsituationen stehen, und von jenen, die diese begleiten. Der Begleitende darf Wege der Heilung und Bewältigung aufzeigen, aber diese nicht verordnen und aufzwingen. Wir dürfen einfach nicht übersehen, daß sich die Grenzerfahrung für einen Außenstehenden immer anders darstellt als für den, der sich mitten in ihr befindet. Und es ist in höchstem Maße menschenunwürdig, dem, der in der Grenzerfahrung steht, die ihm zukommende Freiheit, die Entscheidungen selber zu treffen, zu stehlen. Wir müssen dies deshalb betonen, weil bei Menschen in Grenzsituationen oft Hilflosigkeit aufkommt und sie Gefahr laufen, sich ihre Freiheit, selbst zu entscheiden, abkaufen zu lassen. Zum andern muß klar sein, daß es für jene, die auf Macht aus sind, nicht schwer ist, gerade Menschen in Krisensituationen zu „beherrschen“, zu Objekten zu degradieren. Für jene, die Menschen von Berufs wegen begleiten, ist es auch aus diesen Überlegungen nötig, mit anderen gemeinsam das eigene Verhalten zu überprüfen.

Was an der Grenze weh tut, ist das Erleben des Anstoßens, des (zunächst) Nicht-weiter-Können, das Gefühl der Hilflosigkeit und die Grunderfahrung, daß nicht alles machbar ist. Die Grenze sagt mir, daß hier meine Macht, mein Geltungsstreben, mein Können, Wollen und Sollen (zunächst) einmal in Frage gestellt ist. Als Betroffener kann ich das Handtuch werfen und kapitulieren; dann aber wird der Grenzkontakt furchtbar. Es gibt aber auch eine andere Reaktionsmöglichkeit: indem ich zulasse, daß die Grenze meine Sehnsucht nach Grenzenlosigkeit weckt, und zu forschen beginne, wo denn nun meine Möglichkeit des Grenzübertrittes liegt. Das muß aber für mich nicht so sein wie bei anderen. Ich kann meine Grenzen ganz anders bewältigen.

Wichtig ist also für uns, daß nicht die Grenze an sich als furchtbar oder fruchtbar zu qualifizieren ist. Diese Bewertung entsteht erst durch meine Einstellung, durch die Art und Weise, wie ich mich einer Grenzsituation stelle.

DIE KRISE IST NICHT SO SCHLECHT WIE IHR RUF

Wir haben bereits ein wenig über die Grenzen nachgedacht, die uns im Leben den Weg versperren können. Vor allem wenn wir schneller als vermutet an der Grenze stehen, kann dies zu einer sehr schweren Krise führen. Es ist unmöglich, an dieser Stelle alle Situationen aufzuzählen, für die hier das Wort „Krise" stehen kann. Vielfältig wie das Leben selbst sind auch die Möglichkeiten für Krisen.

Viele von uns sind durch ihre Erziehung auf die Vermeidung von Krisen hin gedrillt. Deshalb haben auch nicht wenige geradezu eine panische Angst vor Krisen und erst recht vor dem Durchstehen einer Krise. Vor allem auch in der religiösen Erziehung wurden und werden hier Fehler gemacht: Die Krise wird an sich als verwerflich und sündhaft disqualifiziert, für den Fall des Hineingeratens in die Krise werden Schuldgefühle sicherheitshalber zumindest im Keim grundgelegt, und die ganzmenschliche Dimension der Krise wird ebenfalls oft nicht ausreichend erkannt.

Nicht erst einmal haben mir glaubende Menschen in Krisensituationen gesagt: „Ich habe immer versucht, nach dem Glauben zu leben, und jetzt bin ich in diese Situation gekommen. Bin ich wirklich so schlecht?" Krise wird von vielen mit Strafe und Schuld gleichgesetzt. Und das muß auch und gerade einem begleitenden Seelsorger weh tun. Natürlich kann ich schuldhaft eine Krise herbeiführen oder auch andere in eine solche hineinziehen. Aber selbst dann ist es nicht so einfach, ein Urteil zu fällen, wie manche glauben. Wir sollten uns jedenfalls darauf einigen, alles zu tun, um die generell negative Etikettierung der Krise radikal einzustellen. Und wir sollten das oft scheinheilig anmutende Überlegenheitsgefühl jener in Frage stellen, die vorgeben, über Krisen erhaben zu sein.

Ich persönlich stelle mir ein Leben ohne Krisen öde vor. Viele Krisen sind doch geradezu die Quelle für Kreativität und die Antriebskraft für „Höhenflüge". Wer dem Menschen die Krisen ausredet, zerstört Leben. Und wer zu sogenannten Lebenswenden dem anderen wünscht, ohne Krisen durchzukommen, tut ihm nichts Gutes, sondern setzt Blockaden gegen die Lebensentfaltung.

Oder meint wirklich jemand, es diene dem Leben, vor den Beben der Pubertät, der Adoleszenz oder des Klimakteriums verschont zu bleiben? Ist wirklich jemandem ein Glaubensleben zu wünschen, wo es immer geradlinig – und damit langweilig – dahingeht? Sollen wir einem jungen Paar am Traualtar tatsächlich wünschen, in seiner Beziehung nie in eine Krise zu geraten? Oder können wir ehrlich sagen, daß jene Familien Orte der Lebensfülle sind, die niemals eine Krise zu spüren bekommen haben?

Sicher, es kommt darauf an, wie man Krise definiert. Ich möchte sie als Erschütterung, als Wendepunkt, als Zeit der Entscheidung verstehen, als Aufforderung, nicht stehenzubleiben, sondern aufzubrechen.

Das Leben darf kein gemütlicher Ruheplatz sein, an dem sich jene versammeln, deren Kreativität verkümmert ist. In unserem Leben muß es immer wieder sanftere und kräftigere Erschütterungen geben, damit wir überhaupt dem Leben auf der Spur bleiben, und fallweise bedarf es eben auch eines „Erdbebens", um uns gewissermaßen in einen neuerlichen Geburtsvorgang für eine neue Lebensdichte zu stoßen. Wer dies verhindern will, steht nicht auf der Seite des Lebens.

Sind, so gesehen, Krisen nicht geradezu lebensnotwendig, lebenserhaltend und lebensfördernd? Disqualifiziert sich nicht jeder selbst, der auf Krisenverhinderung fixiert ist oder Bausteine zur Krisenverdrängung austeilt?

Nein, die Krise ist keinesfalls so schlecht wie ihr Ruf. Schon gar nicht ist Krise an sich etwas Schlechtes! Wir alle sind doch dazu aufgerufen, immer mehr an Lebensfülle zu erhalten. Und dieses Hineingehen und Hineinwachsen, diese „Reifung“, ereignet sich häufig durch Krisen. Wie oft wir in sie geraten, wie lange wir in ihnen bleiben, wie wir sie bewältigen und von wem und in welcher Art und Weise wir uns dabei begleiten lassen, hängt zu einem Teil mit dem Aspekt unserer Freiheit und Verantwortung und der persönlichen Lebensgestaltung zusammen.

Natürlich kann daraus auch Schuld erwachsen. Das ist aber nicht Sache der Krise an sich, vielmehr meines Verhaltens. So ist es nicht unsere Aufgabe, Krisen zu verteufeln, sondern einander zu helfen, Krisensituationen lebensfördernd zu bewältigen. Doch darf niemand so fanatisch sein, *seine* Art der Krisenbewältigung jetzt den anderen als einzige Möglichkeit für deren „Überleben“ vorzuschreiben und zu verordnen.

Ein wesentlicher Faktor für Krisenunfähigkeit ist nämlich die Unmündigkeit. Hier müssen wir schon mit größtem Ernst sagen: Weh dem, der Menschen bewußt unmündig hält oder gar macht (besonders wenn diese in Krisen sind), um sie dann beherrschen zu können. Dieser Vorgang muß, wo immer er abläuft, demaskiert werden, weil er menschenunwürdig ist. Menschen in Krisen brauchen Begleitung, aber keinen Vormund, brauchen Wegweisung, aber kein Rezept, brauchen Zuwendung, aber keine Aufdringlichkeit. Wir sollten wahre Lebenskünstler von jenen Zauberern unterscheiden, die für alles und jedes sofort die Lösung parat haben. Lebenskunst ist nicht routinierte Erhabenheit über die diversen Krisen im Leben. Lebenskunst ist die Fähigkeit, gestalterisch und behutsam mit dem Leben umzugehen und dabei mit Ehrfurcht die Einmaligkeit jeder Situation, also auch der Krise, anzuerkennen.

Mich beeindrucken von den Künstlern nicht die Perfektionisten, sondern jene, die, gerade wenn sie Großes schaffen, selbst Lernende bleiben. Dazu kommt, daß bei den Kunstwerken nur das Original wirklich wertvoll ist. Die Kopien können noch so gut sein, sie bleiben Kopien, es fehlt ihnen eben die Einzigartigkeit des Originals. Ähnlich ist es auch mit meinem Leben. Ich bin beauftragt, ein Original zu schaffen, eben *mein* Leben. Nur das erfüllt und macht glücklich. Die Arbeit an einer Kopie wäre bald frustrierend. Mein Leben gestalten heißt dann eben auch, meine Krisen als persönliche Herausforderung anzunehmen, als Chance, mein „Original" zu verbessern und zu entfalten.

Der Glaubende entdeckt diese Dimension auch im Schöpfungsauftrag und im Auftrag Gottes an jeden einzelnen Menschen. Höhen und Tiefen, Stürme und Ruhephasen, Kälte und Wärme, Freude und Trauer, Krise und Reifung bewirken jene Spannung, die unser Dasein erst lebendig macht.

Krise ist Entscheidungszeit und Entscheidungsmöglichkeit. Ihre Verneinung oder Verdrängung ist daher im wahrsten Sinn lebensbehindernd. Wir sehen dies deutlich bei der schwersten Krise, die uns Menschen ein Leben lang vor Augen steht, nämlich das Sterben. Diese bedrohende Wirklichkeit stürzt viele im Laufe des Lebens immer wieder in gewaltige Krisen. Auch hier ist die häufigste Reaktion die Verdrängung. Von der Sache her und von unserer Art zu leben betrachtet, ist dies auch verständlich. Aber andererseits sehen wir gerade beim Phänomen des Todes, der ja für uns zunächst einmal Ende, Zerstörung und Abbruch bedeutet und dem wir uns machtlos ausgeliefert fühlen, wieviele Entscheidungsmöglichkeiten und Lebensmöglichkeiten er uns eröffnen kann, so paradox diese Formulierung klingt. Gerade der nahende Tod kann uns zu großen Entscheidungen drängen, unsere Kreativität anspornen, uns zu bewußterem und intensiverem Leben motivieren und in uns den Wunsch fördern, alles Gute und Schöne, das uns an jedem Tag angeboten wird (einmal nur in Spuren, dann wieder in großer Dichte), dankbar auszukosten. Der Tod bzw. seine Boten (eine schwere Krankheit zum Beispiel) können uns in gewaltige Krisen stürzen, die größte existentielle Erschütterungen, Umbrüche, Umplanungen und neue Aufbauphasen auszulösen vermögen. Denken wir nur daran, wie radikal Wertorientierungen in diesen Grenzsituationen geändert werden können. Menschen, die zunächst nur im Materiellen ihren Lebenssinn gesehen haben, beginnen plötzlich, sich aufzurichten und Ausschau zu halten nach Werten, die der Tod nicht zerstören kann. Andere merken durch eine solche Krise, daß sie vor der Entscheidung stehen, entweder weiterhin so passiv dahinzuleben oder ihr Leben aktiv zu gestalten. Wieder andere entdecken sich selbst und beginnen, sich zu bejahen und ihr konkretes Leben positiv zu sehen. Für nicht wenige ist die Krise auch Anlaß, das Du zu entdecken und so Leben grenzenlos zu erweitern.

Das gilt aber nicht nur für die großen Krisen, in die uns schwere Krankheit, Sterben und Tod versetzen, sondern auch für die vielen kleineren, weniger bedeutsamen Erschütterungen in unserem Leben. Jede Begegnung, jede Selbsterfahrung, jedes ungewohnte Erlebnis kann eine Krise in mir und mit mir auslösen. Ich müßte bestrebt sein, diese Krisen zu erkennen und sie bewußt anzunehmen. Vielfach wird dies zunächst mit Schmerzen, mit ungewohnten Gefühlen und mit vielen Fragen verbunden sein. Daraus können neue Sehnsüchte, ungewöhnliche Stimmungslagen, heilsame Bewegungen entstehen und Ausblicke auf neue Wege frei werden. Das erfordert oft harte Arbeit und Geduld – mit sich selbst und den anderen; für den Glaubenden auch mit Gott. Die Bewältigung von Krisen braucht oft viel Zeit (zum Fragen, Nachdenken, Hören, Fühlen...). Da wir alle glauben, keine Zeit zu haben, sind wir wahrscheinlich auch so verbittert und ungeduldig, wenn Krisen kommen. Die Natur lehrt uns, daß Wachstum und Reifung ihre Zeit brauchen. Es kann sich schwer rächen, die Zeit dafür nicht zu gewähren oder gewaltsam zu verkürzen.

Es ist sicher fruchtbar, wenn ich für mich einmal überdenke, wo ich bisher Krisen verdrängt und als Chance für mein Leben ungenützt gelassen habe. Dies gilt es auch im Hinblick auf meinen Beitrag für die Lösung weitgespannter und viele Menschen betreffender Krisen zu überlegen. Denn wenn es mir gelingt, mich im Umgang mit Krisen im Kleinen einzuüben, dann werde ich auch bei der Lösung von umfassenderen und weitreichenderen Krisen effektiv mitarbeiten können. Ich denke etwa an die Krisen, die heute durch den Gegensatz von Ökonomie und Ökologie gegeben sind und uns allen schwer zu schaffen machen. Oder es könnte die sogenannte „Frauenfrage" angesprochen werden, die sehr wohl gesellschaftliche als auch kirchliche Strukturveränderungen herbeiführen wird und muß, auch wenn sich heute noch viele Frauen und Männer vehement dagegen wehren. Ebenso brechen neue Konflikte zwischen den Generationen auf, indem sie überkommene und mögliche alternative Wertordnungen in Konfrontation bringen. Weltweit wird hoffentlich auch die Sehnsucht nach Frieden sich noch verstärkt artikulieren und eine Reihe von Machtstrukturen in Frage stellen. Auch die „zum Himmel schreiende" soziale Ungerechtigkeit im Blick auf die Dritte Welt wird noch viele Krisen auslösen!

Wir könnten diese Aufzählung sicher noch weiterführen. Wichtig ist, daß wir dabei weder in Depression und Resignation verfallen noch uns dem Verdrängungsmechanismus anheimgeben. Es bleibt auch zu bedenken, daß wir Menschen mit der Herausforderung auch wachsen, ja über unsere Kräfte hinauswachsen können, daß die Krisen im Kleinen wie im Großen ein Auftrag an uns sind, unser Menschsein in Würde zur Entfaltung zu bringen.

FREIHEIT UND VERANTWORTUNG: EIN FASZINIERENDES SPANNUNGSFELD

Als wir einmal in einer Religionsstunde über das Thema „Freiheit“ sprachen, meldete sich eine Schülerin zu Wort und meinte: „Manchmal wünschte ich mir schon, kein Christ zu sein, denn dann dürfte ich tun, was ich will!“ Haben wir uns nicht selbst auch schon bei solchen Überlegungen ertappt? Normalerweise sind wir bemüht, derartige Gedanken im Keim zu ersticken, und schon gar nicht wollen wir nach außen hin solche uns plagenden Versuchungen zugeben.

Nun, es ist sicher nicht realistisch, aufbrechende Sehnsüchte nach Freiheit nur jungen Menschen zuzuschreiben oder diese gar als bloße Pubertätserscheinungen abzutun. Das unstillbare Verlangen nach Freiheit ist wohl in jedem Menschen grundgelegt. Und leben lernen heißt wohl primär lernen, die Freiheit wahrzunehmen und mit ihr verantwortungsvoll umzugehen. Das ist jetzt schön gesagt, und die meisten werden zustimmend nicken. Aber die Geister werden sich sofort scheiden, wenn wir näherhin diskutieren, was das im Hinblick auf den Alltag zu bedeuten hat.

Wir werden kaum einen gemeinsamen Nenner finden, wenn wir abzugrenzen versuchen, was Freiheit eigentlich sei. Im allgemeinen wird zunächst von vielen vermutet, daß Freiheit doch nur beinhalten könne, daß ich tun darf, was ich will. Davon träumen viele. Ich möchte sogar behaupten, daß wir alle etwas von diesem Traum in uns haben, auch wenn wir es nicht gerne zugeben. Wer die Macht dazu hat, versucht ja auch, für sich möglichst viel von diesem Traum Wirklichkeit werden zu lassen. Denn wir dürfen doch unterstellen, daß Sehnsucht nach Freiheit oft mit Sehnsucht nach Macht zusammenhängt, womit ein lebenstötender Teufelskreis in Bewegung gehalten wird.

Darüber sollten wir ehrlich nachdenken und miteinander sprechen. Gibt es nicht ein anderes Modell von Freiheit, das nicht auf mehr Egoismus, auf mehr persönliche Willkür ausgerichtet ist, das nicht ausschließlich von der Überlegung ausgeht, wovon ich denn noch frei werden könnte, ein Modell, das Freiheit nicht einfach mit Machtzuwachs identifiziert und nicht nur fragt: Was kann ich anderen wegnehmen, damit ich es dazubekomme? Es gibt andere Modelle!

Ich denke da zum Beispiel an das christliche Verständnis von Freiheit, wie es etwa der Apostel Paulus im Römerbrief darlegt, wenn er sagt: „Die Schöpfung soll von der Sklaverei und Verlorenheit befreit werden zur Freiheit und Herrlichkeit der Kinder Gottes" (Röm 8,21). Dieser große Geist der jungen Kirche hat einen ungeheuer offenen und dynamischen Freiheitsbegriff, der selbst Nichtchristen aus der Reserve lockt.

Muß nicht wirklich jene Freiheit am faszinierendsten sein, die nicht negativ abgrenzt, sondern positiv erweitert, die fragt, wofür ich frei bin, und nicht nur grübelt, wovon ich frei werden könnte. Wer sich aufmacht, innerhalb seiner Grenzen Freiheitsräume zu entdecken, wird staunen, was dem Menschen alles möglich ist. Und plötzlich überkommt einem Mut, äußere und innere Zwänge zu begreifen und zu überwinden. Auf einmal eröffnet sich die Möglichkeit, sich nicht von jemanden zu befreien, sondern für das Leben. Dieses Mündigwerden im und für das Leben ist ein Grundauftrag unserer Existenz. Hier liegt auch unsere Verantwortung. Wo Freiheit und Verantwortung böswillig getrennt werden, dort entsteht Chaos und Behinderung bzw. Zerstörung von Leben.

Wenn wir miteinander leben wollen, dann müssen wir lernen, Freiheit und Verantwortung in Einklang zu bringen. Die alltägliche Lebenspraxis läßt uns Freiheit und Verantwortung als Spannungsverhältnis erfahren, das es nicht nur auszuhalten, sondern auch fruchtbar zu machen gilt. Dazu ist es nötig, zu beobachten, wo auf Freiheit verzichtet wird, um auch die Verantwortung loszuwerden, wo Verantwortung übertragen wird, ohne die dafür notwendige Freiheit zu gewähren, wo andere mir die Sehnsucht nach Freiheit abtöten, aber Sklaverei erreicht wird...

Verantwortete Freiheit ist nicht delegierbar; ich muß selber wahrnehmen und leben. Und da müssen wir heute schon recht ungeduldig fragen, ob wir alle miteinander viel unternehmen, um Möglichkeiten für die Einübung von verantworteter Freiheit zu schaffen: in der Erziehung der Kinder, in der ehelichen Partnerschaft, in den Schulen, in unseren Glaubensgemeinschaften, in den gesellschaftlichen Vereinigungen. Schauen wir uns doch einmal um und fragen wir: Wo geht es letztlich um brutale Macht und wo um verantwortete Freiheit? Wo wird gezielt in die einengende Abhängigkeit geführt, und wo wird das befreiende Mündigwerden gelehrt? Was läuft da nicht alles unter dem so ehrenvollen Anspruch von Autorität, und doch verbirgt sich dahinter, bei genauerem Hinsehen, freiheitsraubender Machtrausch.

Um keine Mißverständnisse aufkommen zu lassen: Ich persönlich bekenne mich zu Autoritäten und kann mir ein gutes Leben ohne sie nicht ausdenken. Aber Autorität hat für mich nur der, von dem ich lernen kann, verantwortete Freiheit zu leben. Wer dagegen darauf aus ist, Unmündigkeiten zu schaffen, kann zwar mächtig sein, aber hat und ist niemals wirklich Autorität. Die Unterscheidung ist in der Praxis gar nicht so einfach. Nicht wenige geben vor, Autorität zu haben, um damit ihre Interessen durchsetzen zu können. Und recht viele möchten uns unsere Entscheidungen abnehmen, damit sie in ihrem Interesse gegen uns entscheiden können, und sie machen dies so elegant, daß wir gar nicht auf die Idee kommen, ihre Maske zu lüften.

Am schlimmsten wird es für uns, wenn wir persönliche Freiheit und Verantwortung nicht mehr selber wahrnehmen, sondern delegieren oder gar verschleudern. Denn damit wird unser ganzes Menschsein in Frage gestellt. Wo meine Meinung erwünscht ist, soll ich meine Meinung auch sagen, wo meine Entscheidung verlangt wird, soll ich sie treffen, und wo meine Verantwortung möglich und nötig ist, bin ich verpflichtet, sie zu übernehmen und mich zu ihr zu bekennen – und dies in allen meinen Lebensbereichen. Das verlangt zunächst einmal, daß ich mir selber und auch den anderen etwas, ja recht viel zumute.

II. TEIL

WIE GEHT DAS: MITEINANDER REDEN?

Ein sehr verhängnisvolles Problem unserer Tage ist das der Sprachnot, ja der Sprachlosigkeit. Viel Leidensdruck geht von diesem Defizit aus und betrifft praktisch alle Formen unseres Zusammenlebens. Konflikte entstehen, schwelen und wirken beziehungsstörend, weil wir zuwenig miteinander ins Gespräch kommen bzw. in diesem bleiben. Beim Versuch einer Analyse dieser Entwicklung treten sehr viele Wurzeln zutage: mangelnde Persönlichkeitsentfaltung, Machtstrukturen, Untertänigkeitsrollen, einengender Erziehungsstil, schlechte Vorbilder, Angst vor sich selbst und Tendenzen zur Selbstverleugnung, gestörter Beziehungsaufbau, zuwenig Einübung wirklicher Begegnung, Minderwertigkeitsgefühle, Einschränkungen durch verzerrte Autoritätsansprüche, Angst vor der eigenen Freiheit, zuwenig oder übertriebenes Selbstbewußtsein, Unsicherheit im Umgang mit dem eigenen Gewissen, Not an Ausdrucksmöglichkeiten, Verarmung des Mutes zur Zuwendung...

Wir müssen natürlich besonders bei dieser Analyse vor Verallgemeinerungen auf der Hut sein, da jede menschliche Sprachnot in ihrer Entwicklung vielfältig strukturiert ist. Es ist auch müßig, über die Existenz dieser Nöte lange Beweisverfahren anzustreben. Wichtiger dürfte wohl sein, wenigstens Ausschau zu halten, um aus dem Kreislauf der Sprachlosigkeit, der Leben zerstört, herauszukommen.

Gehen wir davon aus, daß miteinander leben lernen unerhört viel damit zu tun hat, miteinander reden zu lernen. Es geht also um einen persönlichen Lernprozeß, um eine dynamische kreative Einübung. Dabei soll der optimistische Ansatz viel Energie liefern, daß ein derartiger Vorgang in jeder Lebensphase gestartet oder wieder in Gang gebracht werden kann. Nichts ist endgültig verfahren, vieles dagegen veränderbar, wenn wir nur selbst daran glauben.

Vielleicht überlegen wir an dieser Stelle, gewissermaßen als Einstieg, einmal ein paar ganz konkrete Schritte:

> Ich frage mich: Wie stehe ich zu mir selber, zu meinen Gefühlen? Welche Sehnsüchte treiben mich? Was macht mich krank? In welchen Zusammenhängen wachsen in mir Aggressionen? Mit wem kann ich gut sprechen? Wem weiche ich lieber aus? Warum? Wo fühle ich mich unter Druck gesetzt? Wer übt Macht über mich aus (und hat er/sie wirklich so viel Macht, wie ich ihm/ihr zuschreibe?)? Wer hat mich in meiner bisherigen Lebensgeschichte geheißen, ruhig zu sein?
> Ich versuche das mit Worten auszudrücken, ich formuliere es, ich schreibe es vielleicht nieder.
>
> Ich überlege: Wo habe ich in letzter Zeit mich gedrängt gefühlt, etwas zu sagen, habe es aber dann sein lassen? Warum? Fehlten mir die Worte oder der Mut? Wollte ich Rücksicht nehmen? Wie wurde meine Rücksichtnahme beantwortet?
> Ich spiele die eine oder andere Situation einmal durch und stelle mir vor, wie es eventuell gewesen wäre, wenn ich ein Gespräch provoziert hätte.
>
> Ich halte Ausschau, wo jemand ist, mit dem ich über meine Sprachnot reden könnte (mein Ehepartner, meine Tochter, mein Sohn, ein Freund,

eine Freundin, ein Seelsorger...). Im Gespräch erzähle ich ihm/ihr von meiner Sorge und frage aber auch, wie es ihm/ihr dabei ergeht. Wenn ausreichend Vertrauen vorhanden ist, machen wir uns auf den Weg, um miteinander das Sprechen einzuüben.
Ich führe eine Art Tagebuch, wo ich „Aha-Erlebnisse", Fortschritte und Rückschläge schriftlich festhalte.

Ich versuche, über mich selbst auch ein wenig zu schmunzeln. Ich beobachte mich zwanglos, wo ich mich, aber auch bestimmte Situationen, zu ernst nehme, wo Verkrampfungen entstehen, wo ich unnötig Gefahren wittere und Angst habe. Und dann beginne ich, einmal über mich selbst ein bißchen zu lächeln.
Ich nehme mir vor, das in Hinkunft öfter zu tun.

Ich sage ja zu mir selber, auch anderen gegenüber. Am Abend eines Tages setze ich mich einmal hin und überlege, welche Rollen ich im Laufe dieses Tages gespielt habe (spielen wollte, spielen mußte). Und ich frage mich, wo ich dabei noch Ich war. Dann werde ich einmal ernsthaft zornig über so viele ungewollte Rollenspiele. Ich frage mich, was ich hätte tun müssen, um in diesen Situationen Ich zu bleiben. Da fällt mir vielleicht einiges ein.

Ich gehe davon aus, daß ich genauso ernst zu nehmen bin wie meine Mitmenschen.
Ich schaue nicht auf das Haben (was habe ich an Geld, an Macht, an Titeln, an Ausbildung, an Jahren, an Beziehungen...), sondern auf mein Sein.

Wer bin ich? Und da komme ich darauf, daß ich vom Sein her genauso wertvoll bin wie jeder andere. Ich freue mich, daß ich bin und daß ich Ich bin.

Ich mache mich auf den Weg zum Du.
Es ist jetzt an der Zeit, auch einmal umgekehrt zu fragen: Wo gehen andere auf mich zu, aber ich komme ihnen nicht entgegen? Hat mich nicht heute jemand gefragt, wie es mir geht, und ich bin wortarm geblieben? Wurde ich da nicht von einem Blick getroffen, der Zuwendung erbat? Habe ich nicht rhetorische Floskeln von mir gegeben, wo wenigstens ein paar persönliche Worte heilend gewesen wären? Hätte ich nicht sagen sollen, daß ich mich maßlos ärgere, statt zu beschließen, den oder die in Hinkunft links liegen zu lassen? Wäre es langfristig nicht besser gewesen, meine Meinung mutig hinauszuschreien, statt untertänigst, aber innerlich verletzt ruhig zu bleiben?
Ich mache mir selber Mut und nehme einen dieser Fälle her, springe über meinen Schatten, gehe morgen hin und sage...

Ich spreche einmal ernsthaft mit Gott über mich. Da sage ich ihm einmal alles, was mich bewegt, mich ärgert, mich freut, mich hebt und mich niederdrückt. Und ich tue dies spontan, frei, ohne Zensur, nicht in vorgegebenen Formeln und schon gar nicht in Phrasen und Floskeln. Ich rede in meiner Sprache, mit meinen Worten zu Gott und trete vor ihn hin, so wie ich bin. Ich zeige ihm meine Gefühle, teile ihm meine Sehnsüchte mit, melde meine Zweifel an, und dann sage ich ihm, daß ich mit ihm neue Wege gehen will.

Diese Überlegungen wollen keine Rezepte sein, sondern Impulse zu eigenem Nachdenken. Wenn wir in all unseren Lebensbereichen Frieden schaffen wollen, wird es notwendig sein, immer mehr miteinander ins Gespräch zu kommen und auf diese Weise unsere Gefühle zu benennen, Ängste und Hoffnungen kundzugeben und Konflikte nicht zu vermeiden, sondern miteinander zu lösen. Die Katastrophe beginnt ja normalerweise immer dort, wo nur die Hälfte gesagt wird, Masken aufgesetzt und Gefühle verborgen werden, falsche Rücksichtnahme den Weg zum Du blockiert und Begriffe nicht geklärt sind. Machtmißbrauch, Aggression und falsch verstandene Demut verstärken dann noch das Ganze.

Die Vergangenheit, auch unsere eigene, hat uns viel Unbewältigtes hinterlassen. Die Bewältigung der Gegenwart und Zukunft wird wesentlich davon abhängen, ob wir fähig werden, miteinander ins Gespräch zu kommen und darin auch zu bleiben.

VON DER HEILSAMEN WIRKUNG DES ZUHÖRENS

Neben Sprachnot und Sprachlosigkeit ist „Schwerhörigkeit“ die zweite bedeutende Wurzel für gestörte Beziehungen, Unfrieden, existentielle Frustration und unheilvolle Lebensgeschichten. Auf der Spur guten Lebens kann nur bleiben, wer hörend ist. Hören ist aber mehr, als kurz aufmerksam zu sein. Zuhören ist Zuwendung. Es geht also nicht nur um ein Funktionieren der betreffenden menschlichen Organe, sondern um ganzmenschliche Begegnung, um ein kreatives Offensein auf das Du hin.

Im Zeitalter der Funktionäre und Experten scheint die Fähigkeit des Hörens immer mehr verlorenzugehen. Das dürfte damit zusammenhängen, daß Menschen, die „funktionieren“, beziehungsarm werden. Sie analysieren, propagieren und perfektionieren, aber sie können nicht mehr „heilen“.

Wir haben diese Entwicklung heute bis hinein in unsere kirchlichen Gemeinschaften. Der Routiniers werden immer mehr, und sie merken nicht, daß sie längst im Kreis gehen. Kommt aber jemand, der sie auf ihre ausweglose Situation verweist, werden sie sehr böse. Routine dürfte so viel Behaglichkeit vermitteln, daß auf Störungen von außen sehr empfindlich reagiert wird. Konflikte werden nicht mehr durch Zuhören und Sprechen gelöst, sondern der Mächtigere verordnet seine Meinung und nennt dies dann Kompromiß. Es gibt zwar Sieg, Entscheidung und Konsequenzen, aber keine Heilung.

Ich selber habe das Zuhören bei den Leidenden, vor allem bei den Sterbenskranken, zu lernen begonnen.

Zunächst dachte ich mir, denen müßte ich vieles sagen, die sollte ich von ihrem Leid ablenken... Doch dann erfuhr ich, daß das Wichtigste das Zuhören, das Hinhören, das sich selbst mitteilende Hinhorchen ist. Ja, und dies gilt nicht nur für die Begegnung mit Todkranken.

Um Hören zu können, müssen wir lernen, sensibler zu werden, zu fühlen, all unsere Sinne einzusetzen, auf Gefühle zu achten und sie anzunehmen, andere Ideen, Erfahrungen, Erkenntnisse zuzulassen und nicht immer gleich die eigene Vorstellung in den anderen, in seine Worte, in sein Fühlen hineinzuprojizieren.

Hören kann nur, wer offen ist, wer sich nicht abkapselt, verschanzt, zurückzieht und herrscht. Hören zu dürfen und zu können gehört zu den beglückendsten Lebenserfahrungen. Wo hörende Menschen beisammen sind, entsteht Friede, Gemeinschaft, Austausch, kurzum: Lebensbereicherung.

Die Bereitschaft zum Zuhören ist die Fähigkeit, sich beschenken zu lassen, das Zugeben, daß ich ohne das Du unvollständig und arm bin. Das gilt auch in besonderer Weise für unsere Begegnung mit Gott. Wirklich glauben kann nur, wer hinhören kann. Denn nur dann kann ich antworten.

Heute werden überall so viele Antworten gegeben, die über die Menschen hinweggehen, an ihnen vorbeiziehen, weil die Antwortenden vorher gar nicht auf Fragen hingehört haben. Viele geben heute Antworten auf Fragen, die längst nicht mehr gestellt sind. Heutige Fragen brauchen Antworten von heute. Das verlangt eine ganz große Umstellung, und die wächst mit der übertragenen Verantwortung. Ja, gerade Menschen mit viel Verantwortung müßten ihr Ohr so am Puls der Zeit haben und so viel Sensibilität als Hörende entwickeln, daß sie schon die Fragen von morgen in Ansätzen hören.

Hörender zu sein verlangt, Spontaneität und Kreativität nicht nur zuzulassen, sondern zu wollen und aktiv zu fördern.

So viele machen ganz leise ihre Sehnsüchte bemerkbar, so viele schreien und klagen laut. Und wir hören weder die einen noch die anderen, weil wir taub geworden sind. Wer das Hören verlernt, läuft Gefahr, auch das Sprechen zu verlernen. Er wird zwar um so mehr Worte machen, aber sie werden leer sein, ziellos und auch ohne Echo. Dies führt dann in die schreckliche Vereinsamung und Lebensarmut. Hoffnungsvoll ist, daß heute vor allem die Jugend durchaus bereit ist zum Hören. Sie erwartet sich freilich, daß die Worte, die sie anzuhören gewillt ist, Selbstmitteilungen sind und nicht Phrasen und leere Hülsen. Viele junge Leute arbeiten an neuen Wertvorstellungen, weil sie fähig sind, ganzmenschlich zu hören, hinzuhören auf die Stimme Gottes, der Menschen und der Schöpfung. Freilich entwickelt dies auch eine neue Sprache, die jene, die taub geworden sind, nicht mehr hören können, geschweige denn verstehen wollen.

Vielleicht können wir Erwachsene doch auch das Hören wieder lernen: die Väter und Mütter, die Lehrer und Erzieher, die Seelsorger, die Verantwortlichen in Staat und Gesellschaft. Die notwendigste Alternative, die wir heute in allen Bereichen brauchen, ist eigentlich die, aufeinander hören und miteinander sprechen zu lernen. Wenn uns das nicht gelingt, dann ist wirklich alles in Gefahr – von der Familie über die Schule, den Beruf, die Demokratie, bis hin zur Kirche. Und deswegen geht es uns auch alle an, ist jeder von uns in hohem Maß Betroffener.

Hören hat mit Heilen zu tun. Der Schwerkranke, dem ich wirklich mit offenem Herzen zuhöre, erfährt Heilsames, weil er sich angenommen fühlt und dadurch sein

Aussprechen für ihn klärend und befreiend wirkt. Wunden, die geschlagen wurden, beginnen zu heilen, wo der Verwundete gehört wird.

Hören vertieft auch die Glückseligkeit. Wer anderen von seiner Seligkeit erzählen darf, erlebt Freude doppelt, weil er diese mitteilen darf. Und der Hörende, der offen ist, darf so teilhaben am beglückenden Zustand des anderen.

Hören lernen hat zuinnerst mit Subjektwerdung zu tun. Wenn ich zuhöre, dann nehme ich mich und das Du ernst, dann lasse ich mich und das Du gelten, dann ist dein Wort, ist mein Wort wert, gehört zu werden. In einer Diktatur gilt und zählt nur ein Wort: das des Diktators. Einer spielt sich zum Subjekt auf und befiehlt den anderen, Objekte zu sein und es gefälligst auch zu bleiben. Das Wort wird zum Befehl, die Antwort ist gar nicht mehr gefragt. Hören wird blockiert und die Menschenwürde zertrümmert. So gesehen hat der Aufruf, Hörender zu werden, auch immer mit Befreiung zu tun. Hören erweitert den Horizont und schafft Raum für Entfaltung. Und das ist doch heilsam!

SEHNST DU DICH AUCH SO NACH ZÄRTLICHKEIT?

Woran denken Sie zuerst, wenn Sie das Wort Zärtlichkeit lesen? Wie würden Sie den Inhalt dieses Begriffes einem anderen erklären? Haben Sie selbst auch Sehnsucht nach mehr Zärtlichkeit?

Gerade uns Christen wirft man oft vor, daß wir ein gestörtes Verhältnis zur Zärtlichkeit hätten. Auch wenn derartige Verallgemeinerungen sehr leicht ungerecht und verzerrt sein können, sollten wir diese Anklage aus unserer Verantwortung für das ganze Leben ernst nehmen.

Wohl deshalb, weil Zärtlichkeit in die Nähe der Sexualität (= Sündhaftigkeit?) gerückt wird, gerät sie für manche in das Feld der Verdächtigung. Wir müssen daher bei diesem Thema behutsam vorgehen, um nicht unnötig zu provozieren, zu zerstören, sondern um aufzubauen, vor allem aber, um ehrliche Selbstkritik zu ermöglichen und Identifikationschancen aufzuzeigen. Hüten wir uns also vor einseitigen, verzerrenden und einengenden Definitionen dessen, was wir Zärtlichkeit nennen. Ich führe nur einige gängige Verkürzungen beispielhaft an: Zärtlichkeit = Sinnlichkeit, Zärtlichkeit = Sexualität, Zärtlichkeit ist nichts für Männer, Zärtlichkeit gehört nur in die Ehe, Zärtlichkeit ist nur Spielerei...

Vermeiden wir derartige Gleichsetzungen und gehen wir davon aus, daß Zärtlichkeit den ganzen Menschen betrifft und daher mit seiner körperlichen, seelischen und geistigen Dimension zu tun hat. Natürlich drängt sich uns dann sofort die Vermutung auf, daß Zärtlichkeit in die Lebensgeschichte eines jeden Menschen gehört, also jeder Mensch sie braucht, sie annehmen und geben muß, um gut leben zu können. Wenn dem so ist, geht es nicht nur darum, Zeichen der Zärtlichkeit zu setzen, sondern vielmehr, wirklich zärtlich zu sein. Es wird auch kaum zu widerlegen sein, daß es in jedem Menschen eine Ursehnsucht nach Zärtlichkeit gibt.

Als Glaubender bin ich überzeugt, daß diese Ursehnsucht auf den Schöpfer selbst zurückgeht, und ich stelle mir Gott daher auch unbeschreiblich zärtlich vor. Ich finde es höchst problematisch, daß wir in unserer Glaubensverkündigung und auch in unseren Glaubensfeiern dies fast gänzlich vergessen, ja diesen Aspekt geradezu verdrängen! Eine tragische Folge aus diesem Verhalten ist dann, daß wir auch im Umgang miteinander viel zuwenig zärtlich sind.

Wenn wir Zärtlichkeit als den ganzen Menschen betreffend und ergreifend definierten, ist es gut zu betonen, daß Zärtlichkeit ihre Dynamik aus der Personmitte heraus beziehen muß, um echt und lebensfüllend zu sein. Daraus ergibt sich auch der unverzichtbare Auftrag, Zärtlichkeit immer mehr zu vertiefen, wir könnten auch sagen: zu erhöhen. Mit dieser Erhöhung meine ich aber nicht, wie es oft gesagt und nachgesagt wird, die körperliche Dimension zu überwinden und alles in die seelische und geistige Ebene zu verlegen, sondern das Bemühen, meine Zärtlichkeit zu einem Ausdruck meines ganzen Mensch-sein werden zu lassen, aus der Personmitte entspringend und wieder auf diese gerichtet. Wenn wir diese Einheit der körperlichen, seelischen und geistigen Dimension stören, haben wir sofort einen Dualismus, wo eine Seite verteufelt und die andere verherrlicht wird. Und Herrlichkeit kann ich mir eigentlich nur in einer Einheit vorstellen. Wie wunderbar ist es doch, wenn aus der Personmitte drängende Zärtlichkeit sich der Vielfalt körperlicher Ausdrucksformen bedient und diese wiederum erwählt sind, auf die Quelle in

Seele und Geist zu verweisen, zu ihr hinzuführen. Diese Form von Zärtlichkeit, die den ganzen Menschen erfaßt, durchwirkt und prägt, ist im wahrsten Sinn des Wortes edel, und sie sollte immer mehr zur Grundbefindlichkeit, zur Grundstimmung und Grundhaltung des Menschen werden. Die Art und Weise, Zärtlichkeit zu konkretisieren, ist dann so vielfältig wie eben das Leben selbst. Dann werde ich auch immer intensiver das Ziel vor Augen haben, in einzelnen Situationen Zärtlichkeit nicht nur zu bekommen oder gar vorzutäuschen, sondern selber zärtlich zu sein, mit und aus meinen Sinnen und Gefühlen, mit meinem Denken und Wollen. Diese Zärtlichkeit kann so spontan und kreativ, behutsam und impulsiv, nüchtern und gefühlvoll, schüchtern und ausdrucksvoll, stets aber ohne Ängstlichkeit sein. Wo die Tiefe des Herzens speisende Quelle ist, ist Echtheit garantiert. Ich darf getrost die Verantwortung für mein Handeln selbst übernehmen, und meiner Kreativität sind keine Grenzen gesetzt.

Auf diesem Hintergrund müßte jetzt jeder von uns die für ihn notwendigen Konsequenzen ziehen. Denn daß wir alle unter einem erheblichen Defizit an Zärtlichkeit leiden, auch wenn es uns schwerfällt, dies zuzugeben, ist kaum zu leugnen. Viele von uns wurden so erzogen, daß sie, gerade was die Zärtlichkeit betrifft, nicht wenig Hemmungen, nicht wenig Ängstlichkeit und viel schlechtes Gewissen haben. So haben wir gelernt, die Notwendigkeit der Zärtlichkeit und die Sehnsucht danach zu bestreiten, sich der Zärtlichkeit zu schämen und die Entfaltung dieser Wirklichkeit gehörig zu unterdrücken. Abgesichert hat man diesen Prozeß vielfach dadurch, daß man Zärtlichkeit, ohne zu differenzieren, in den Nahbereich des Sündhaften gerückt hat. Damit hatte man zugleich ein weiteres erreicht, nämlich jenen, die trotz allem Kreativität entfaltet haben, wenigstens die

Freude daran zu verderben (unbewußt vielleicht sogar aus einem gewissen Neid heraus). Mit dem Verlust an Zärtlichkeit geht aber auch Natürlichkeit, Herzlichkeit und Liebe verloren.

Konsequenzen könnten darin bestehen, daß wir uns zunächst einmal grundsätzlich um eine positive Bewertung der Zärtlichkeit bemühen, daß wir selber zärtlicher werden, liebevoll umgehen mit den Menschen, mit uns selbst, mit der Schöpfung, mit Gott.

Unser Herz sagt uns, was Zärtlichkeit ist: sich beschenkt wissen, staunen können, dankbar sein, Wärme ausstrahlen, Gutes wahrnehmen, Böses heilen, Freude auch im ganz Kleinen entdecken, aufnehmen und weiterschenken, Gefühle annehmen und auch erwidern, das Du als Geheimnis betrachten, Ehrfurcht haben, das Herz mit Blicken, Worten und mit Berührung edel sprechen lassen…

Schauen wir doch auf Liebende! Welche Vielfalt an Zärtlichkeit sich hier entfalten kann: Wieviel kann da ein Blick sagen, wie großartig die kleinste Berührung sein, wie beglückend ein Kuß, wie liebevoll auch nur ein einziges Wort!

Und wenn wir heute den verantwortungslosen Umgang mit der Sexualität beklagen, dann sollten wir nicht einfach nur verurteilen, sondern vor allem auf die verheerenden Folgen des Verlustes von Zärtlichkeit hinweisen. Wie armselig sind doch wirklich jene Menschen, die Sexualität ohne Einbettung in Zärtlichkeit erleben, da ihnen die Quelle der Liebe fehlt!

Es geht nicht nur um die sehr oft in den Vordergrund tretende Frage, ob und wie schwer Normen übertreten werden, sondern wesentlich darum, daß Lebensfülle nicht ausgeschöpft, daß Entfaltung der Menschlichkeit blockiert und Menschenwürde verletzt wird. Wahre Zärtlichkeit nimmt das Du voller Ehrfurcht als Subjekt wahr und verhindert somit, daß es zum Objekt degradiert wird.

Die Verweigerung von Zärtlichkeit ist gerade im Hinblick auf Sexualität Ausdruck der Verweigerung von Ehrfurcht, Achtung und Liebe, wenn wir Zärtlichkeit als Einheit von körperlicher, seelischer und geistiger Dimension verstehen.

Die Befähigung zur Zärtlichkeit muß daher stets ein vorrangiges Ziel in der Erziehung sein. Mütter und Väter sollten ihren Kindern vorleben, wie groß der Reichtum der Zärtlichkeit ist, wenn der ganze Mensch betroffen ist, wie alles am Menschen dadurch veredelt wird! So können wir auch am besten vorsorgen, daß unsere Kinder ohne Angst und Scheu ihren Körper bejahen und verantwortungsvoll und natürlich mit ihm umgehen, daß sie Freude an ihrem Körper empfinden. Geht es doch in einer wahren Zärtlichkeit nicht um die Überwindung der körperlichen Dimension, sondern um deren Integration. Das soll deswegen in diesem Zusammenhang erwähnt werden, weil immer wieder Menschen der Versuchung erliegen, mit der bewußten oder unbewußten Ablehnung des Leibes auch die Zärtlichkeit zu verwerfen.

Dieser Versuchung hat vor allem auch die religiöse Erziehung entgegenzuwirken, die ja von ihrem biblischen Ansatz her stets den ganzen Menschen bejahen und vor Augen haben muß. Sie wird in Zukunft der Sorge um Zärtlichkeit noch viel mehr Bedeutung zuerkennen müssen. Es ist urbiblisch, davon zu träumen, daß man von den Christen eines Tages sagen wird können: Seht, wie liebevoll sie miteinander, mit allen Menschen umgehen und wie zartfühlend sie sind!

Zärtlichkeit spielt auch für das Schaffen und die Sicherung des Friedens eine zentrale Rolle. Zärtliche Menschen sind nicht nur von Sehnsucht nach Frieden erfüllt; sie bauen durch ihre Grundhaltung Frieden auf, weil sie durch ihre Sensibilität und mit ihrer Herzensgüte jeder Versuchung zur Gewalt in Worten, Gebärden und Taten schon in den Anfängen wehren. Sie tun dies nicht aus einer welt- und lebensfremden Haltung heraus, sondern aus einer kreativen Integration des Fühlens, Denkens und Wollens.

Aus dem Gesagten geht deutlich hervor, wieviel Investition es erfordert, um ein zunehmend zärtlicher Mensch zu werden. Es wird möglich, wenn wir Defizite und Einseitigkeiten rechtzeitig selbst erkennen und auch einander dabei helfen. Miteinander haben wir Kreativität genug, um diese Not an Zärtlichkeit zu beheben und unsere Sehnsucht nach mehr Zärtlichkeit reichlich zu stillen.

Zärtlichkeit

Staunen – Herzklopfen – Hände reichen
in die Augen schauen – Spannung spüren
leuchten – geheimnisvoll – fühlen
wärmen – glühen – teilen
berühren – behutsam vorgehen – entdecken
bewundern – innehalten – wohl sein
näherkommen -- zugehen – freuen
aufblicken – glücklich sein – vor Sehnsucht beben.

Morgen – Sonne – Blumenblühen
hegen – gießen – wachsen lassen
gut tun – sein lassen – nicht haben wollen.

Mund – Augen – Ohren – Herz – Sinne
liebkosen – brennen – öffnen – spielen
Enge überwinden – weit werden
schöpferisch sein – warten können
aufmerksam sein – froh werden.

Wunden heilen – Zukunft erleben
Freude schenken – hoffen dürfen
feiern – singen – träumen
tanzen – loslassen – fliegen.

Körper – Seele – Geist – alles.

Nicht nur Du sagen – *Du* wollen.

LIEBE MUSS LEIDENSCHAFTLICH SEIN!

Nicht zufällig verwenden wir Worte wie Glut, Flamme, Feuer, entflammen, glühen, lodern, brennen, verzehren, wenn wir von Liebe sprechen. Keine Kraft dieser Welt ist stärker als die Kraft der Liebe. Sie vermag alles: sie schafft Glückseligkeit, tröstet Trauernde, heilt Verwundete, erhellt die Dunkelheit, wärmt in der Kälte, bringt die Wüste zum Blühen, überwindet Raum und Zeit, läßt Leben werden und verbindet sogar Lebende und Tote. Liebe ergreift und durchwirkt den ganzen Menschen, umspannt Leib, Seele und Geist und verbindet über alle Grenzen. Wie stark sind im Menschen schon Trieb und Eros, um wieviel stärker erst ist die Liebe, die diese Kräfte veredelt und als Potential in ihre Strömung aufnimmt. In diesem Sinne verstanden, dürfen wir daher sagen, Liebe muß leidenschaftlich sein, sie muß brennen und ihre gewaltigen Kräfte ins Spiel bringen können.

Wahre Liebe kann niemals Flämmchen bleiben, sie will auflodernedes Feuer werden und alles erfassen. Selbst alles Wasser dieser Welt kann Brände der Liebe nicht mehr löschen.

Noch nie ist es Menschen gelungen, das Wesen der Liebe vollständig zu begreifen und zu beschreiben, und es wird dies auch in Zukunft nie gelingen. Romane handeln von ihr, Dichter haben sie in unzähligen Gedichten besungen, Komponisten ihr Hymnen gewidmet und Liebesbriefe sie auszudrücken versucht, doch auch alle diese schöpferischen Werke schaffen es nicht, das Wesen der Liebe zu erfassen und auszudrücken. Liebe kann man nicht wirklich beschreiben und besingen, wir können sie „nur“ erleben.

Manche unter uns tun sich schwer, diese überwältigende Kraft der Liebe zu benennen, zuzugeben und sich ihrer Seligkeit hinzugeben. Sie versuchen krampfhaft, nüchtern zu bleiben, die Kraft der Liebe zu verharmlosen und ihre dynamische und überschwengliche Entfaltung ausschließlich im Bereich des Geistigen zuzulassen und als gut anzusehen.

Es ist wohl keine Frage – und wir sollten darüber froh sein –, daß die Liebe in der Erfassung der geistigen Kräfte ihre bleibendste Form erfährt. Aber Liebe wird gerade aus dem Geistigen heraus immer wieder drängen, den ganzen Menschen zu erfassen und zu durchdringen. Ihre Leidenschaft erfaßt so die ganze Wirklichkeit unseres Seins. Deshalb sagen wir ja auch zum Beispiel, daß Liebende am geliebten Du sehen, hören und fühlen, was kein anderer sonst entdecken könnte.

Es ist daher um der Liebe willen äußerst problematisch, immer gleich aufzuteilen in körperliche, seelische und geistige Dimension und dann stufenweise eine Bewertung vorzunehmen, ohne das Gesamte zu sehen. Hier gibt es viele unreflektierte Vorurteile, Ängste, Verdrängungen und starre Fronten. So ist es eine Verkürzung des Mensch-sein, jungen Menschen als Mitte ihrer Liebe die Körperlichkeit zuzuordnen, den älteren aber als Ort ihrer Liebesbeziehung die Geistigkeit. Als ob die Liebe sich nach einer gewissen Zeit aus dem Körper zurückziehen und ihn negierend abstreifen würde! Oder denken wir an die nicht selten anzutreffende Vorstellung, daß Zärtlichkeit Ausdrucksform „bloß" jugendlicher Liebe sei.

Derartige Einstellungen haben in der Regel jene, die mit ihrer Leiblichkeit nur schwer zurechtkommen und diese nicht wirklich bejahen. Sie setzen Leiblichkeit mit Triebhaftigkeit gleich und belegen diese ohne Unterscheidung mit negativer Qualifikation. Kein Wunder, wenn sie dann von ständiger Angst und Ängstlichkeit getrieben sind, zuallererst einmal Böses vermuten und sich und ihre Mitmenschen quälen und so zur Lebensverarmung beitragen.

Besonders tragisch ist das, wenn es Christen tun, die doch aufgerufen sind, Liebe als ganzmenschliche und befreiende Wirklichkeit darzustellen, da ja wahre Liebe immer auf göttliche Liebe verweist. Wer als Mensch bewußt in der göttlichen Liebe beheimatet und von ihr getragen sein will, braucht keine Angst zu haben; nicht vor sich, nicht vor dem Du und auch nicht vor Gott. Er kann sich der allumfassenden Kraft der Liebe anvertrauen und sich ihrer Glückseligkeit erfreuen.

Unsere Aufgabe ist es also, Liebe immer mehr ganzheitlich zu verstehen, ihren Ausdrucksformen breitesten Raum zu geben und alles zu tun, damit Echtheit und Wahrhaftigkeit sie prägen.

Die Unterscheidung von Echtem und Unechtem, von Erlaubtem und Unerlaubtem, von Gutem und Bösem dürfen wir uns in Zukunft nicht mehr so einfach machen, wie dies in der Vergangenheit leider nur zu oft der Fall war und auch in der Gegenwart keine Seltenheit ist. Zu schnelles Urteil, zu oberflächliches Hinhören, zu simple Nivellierungen, zu wenig Begleitung und zu selbstherrliches Berufen auf Gott haben dazu beigetragen, daß heute viel zu viele Menschen meinen (und in der Tat auch erfahren), die kirchliche Verkündigung bringe für das Erleben der Liebe nur Einschränkungen. Freilich müssen wir um Gottes und der Menschen willen auch in einer stets neuen, aber unverkürzten Sprache sagen, daß nicht alles, was Liebe genannt wird, auch Liebe ist und daß das Streben nach Echtheit in der Liebe eine lebenslange Aufgabe ist, die mit der Bereitschaft zu ständiger Umkehr verbunden sein muß. Nur so kann die Liebe mich als ganzen Menschen immer mehr erfassen.

Damit wir aber einander verstehen, wenn wir von der Liebe reden, müssen wir lernen, einander zuzuhören und miteinander einfühlsam zu sprechen. Dazu bedürfen wir einer aufrichtigen, ehrfurchtsvollen und zartfühlenden Natürlichkeit, die uns befreit von allen Formen der Verschrobenheit und Verklemmung, der Ängstlichkeit und Verkrampfung, aber auch der brutalen Lieblosigkeit und zerstörenden Freigabe der Intimsphäre. Wo dabei die Grenze verläuft, muß wohl in der jeweiligen Situation abgeklärt werden und bedarf einer mündigen Gewissensbildung.

Das Streben nach ganzheitlicher Sicht und entsprechendem Gestalten der Liebe ist für jeden Menschen vorrangig. Eine ganz spezifische Aufgabe kommt dabei aber wieder den Müttern und Vätern zu. Sie haben die Chance, ihren Kindern den unerschöpflichen Reichtum der Liebe mit ihren vielfältigen Ausdrucksformen erleben und ihre Kreativität von Anfang an entfalten zu lassen. Kinder sollten erleben dürfen, wie Mutter und Vater ehrfurchtsvoll und natürlich, zärtlich und stürmisch, mit Worten und schweigend, gefühlvoll und nüchtern, überschwenglich und besonnen, am Festtag und im Alltag ihre Liebe zueinander ausdrücken, diese Liebe zu erhalten trachten, die verletzte Liebe durch Versöhnung heilen und dabei doch auch ihren ganz intimen Bereich für sich behalten. Kinder können so lernen, sich als ganze Menschen zu erfahren, die Sexualität nicht als vorgegebene Last, sondern als zu gestaltende Quelle der Lebensfreude zu entdecken, die faszinierende Spannung der Erotik nicht verschämt zu verdrängen, sondern als Fundgrube der Bereicherung zu erleben und all dies zusammen zur Agape werden zu lassen, zum ganzheitlichen Erleben von dem, was wir Liebe nennen. Die Eltern mögen dabei weder Höhen noch Tiefen, auch nicht ihre Krisen und deren Bewältigung, nicht den Alltag und nicht den Festtag verschweigen. Die Kinder sollten so viel für die Gestaltung ihrer Liebe mitnehmen können, als sie brauchen, aber nicht etwas aufgezwungen bekommen, was sie hindert, ihrer Einmaligkeit gerecht zu werden. Vielleicht kann dann nicht nur die Sprachlosigkeit in bezug auf Worte, sondern auch das Defizit an Körpersprache, an Befähigung zu ganzmenschlicher Mitteilung von Liebe überwunden werden.

Vieles können wir lernen aus einem Text der Heiligen Schrift, dem sogenannten Hohenlied der Liebe. Es lohnt sich, diesen Abschnitt des Alten Testamentes nicht nur zu lesen, sondern ganz tief zu meditieren und von ihm zu lernen, natürlich, voller Gefühl, hingerissen, leidenschaftlich und überschwenglich Liebe auszudrücken. Greifen wir einige Verse heraus:

„Schön bist du, meine Freundin, ja du bist schön. Hinter dem Schleier deine Augen wie Tauben. Dein Haar gleicht einer Herde von Ziegen, die herabzieht von Gileads Bergen... Rote Bänder sind deine Lippen; lieblich ist dein Mund. Dem Riß eines Granatapfels gleicht deine Schläfe hinter dem Schleier. Wie der Turm Davids ist dein Hals, in Schichten von Steinen erbaut... Deine Brüste sind wie zwei Kitzlein, wie die Zwillinge einer Gazelle, die in den Lilien weiden... Alles an dir ist schön, meine Freundin; kein Makel haftet dir an." (vgl. 4,1–7).

Ist es nicht herzerquickend, mit welchem Überschwang, mit welcher Fülle von Bildern, wie ausdrucksvoll, mit wieviel Ehrfurcht und ohne Ängstlichkeit hier die Leidenschaft zum Ausdruck kommt? Gewiß, wir würden heute andere Bilder heranziehen, andere Begriffe einsetzen. Aber die Art und Weise der Kundgabe von Liebe ist doch hier auch für unsere so rational ausgerichtete Zeit höchst aktuell und wegweisend. Würden wir heute so mutig, so offen und doch mit soviel Ehrfurcht unserer

Erotik und Sexualität Ausdruck geben, so würden wir vielen helfen, von Brutalität und Perversion, von Sucht und Gier, von Ausnützung und Erniedrigung erlöst zu werden. Wir brauchten dann auch nicht das Kind mit dem Bade auszuschütten, wie das vielen passiert, die aus gutgemeinter Absicht die Pervertierung der Liebe bekämpfen, ins Moralisieren geraten, in Extreme verfallen und die Fähigkeit zur Grenzziehung verlieren. Das zeigt sich ja überall dort, wo nur mehr, in einer Art Verteidigungsschlacht, negativ abgegrenzt wird. Ehrlich gefragt: Wäre es nicht in der Tat zielführender, statt anzuführen, was alles nicht gemacht, gedacht und gesagt werden darf, positiv aufzuzeigen, zu welcher Vielfalt und Dichte uns die menschliche Liebe führen kann, wenn sie echt ist und aus der göttlichen Liebe nicht nur erwächst, sondern auch aus ihr genährt wird? Das Hohelied aus dem Alten Testament könnte uns eine neue Sprache lehren, die uns glaubwürdig und frei macht. Liebe muß leidenschaftlich sein, sie muß uns ganz und gar durchdringen und uns so in ungeahnte Höhen befreiter und erlöster Existenz führen.

IST GEBEN WIRKLICH STETS BESSER ALS NEHMEN?

Vielleicht ist mancher über diese Fragestellung etwas verwundert. Ist diese Frage nicht Wasser auf die Mühlen jener, die auf dem Weg sind, bloße Egoisten zu werden? Muß man nicht noch viel mehr vom Geben predigen, um den überall aufkeimenden Egoismus einzudämmen? Trotz dieser oder ähnlicher Einwände scheint es mir berechtigt, uns auf die oben gestellte Frage einzulassen. Es gibt nämlich heute nicht nur Menschen, die es verlernt haben, andere zu beschenken, sondern auch viele, die es verlernt haben, sich beschenken zu lassen. Heute ist doch der „in", der in möglichst vielen Bereichen selber der Geber seiner Gaben ist, der selbst alles schafft, der nicht auf andere angewiesen ist, der eben sein eigener Herr ist. Und da meine ich, sollten wir schon darüber diskutieren, ob nicht die fehlende Bereitschaft, sich beschenken zu lassen, ebenso beklagenswert ist wie die fehlende Bereitschaft zum Geben.

Gehört nicht ein gerüttelt Maß an Demut und Reife dazu, ehrlich zuzugeben, auf andere angewiesen zu sein, das Geschenk der Zeit, der Zuwendung, des Trostes, der Wertschätzung zu brauchen, um immer wieder neu Sinn im Leben zu finden? Ja, müssen wir nicht noch einen Schritt weitergehen und sagen, daß auf Dauer nur der Gebender sein kann, der immer wieder auch gerne Empfangender ist? Bleiben nicht deshalb heute so viele Liebe, Zärtlichkeit, Zuwendung, Mitleid schuldig, weil sie selbst dieses tägliche Brot des Lebens nicht bekommen? Hier wird jeder mitschuldig, der den Menschen stets nur das Geben-müssen predigt, ohne zugleich auch die Fähigkeit und Bereitschaft zum Empfangen zu fördern. Deshalb sollten wir auch gegen diverse Parolen protestieren, die bloß edel klingen, aber gutes Leben eher behindern als grundlegen.

So darf etwa „dienen" nicht generell mit „geben" gleichgesetzt werden. Ich kann dem anderen auch dienen, im konkreten Fall möglicherweise in hohem Maß, wenn ich ihn ermutige, auch gerne Empfangender zu sein.

Bei meinen Besuchen bei alten und kranken Menschen staune ich oft selber darüber, wie lebensnotwendig dieser Dienst sein kann. In sich verstrickte Lebensknoten beginnen sich oft dort zu lösen, wo dem faszinierenden Wechselspiel von Geben und Empfangen Entfaltungsmöglichkeit eingeräumt wird.

Leben ereignet sich nun einmal dort, wo es das Ineinander von Hingabe und Empfangen gibt, wo jeder Schenkender und Beschenkter ist. Wer dagegen meint, nur Geber sein zu müssen und auch bei anderen nur dies postulieren zu dürfen, schlüpft früher oder später in eine Opferrolle, die nicht selten mit pathologischem Selbstmitleid einhergeht.

Obwohl dem Geben verschrieben, können diese Menschen dann oft andere trotz allen Einsatzes nicht zur befreienden Haltung des Offen-sein führen, weil sie so fixiert sind, daß sie ihr Geben nur als „Opfer" erfahren. Dabei auftretende Frustrations- und Aggressionsgefühle werden unterdrückt und wegen vermeintlicher Sündhaftigkeit nicht zugelassen. Deshalb stellt sich dann oft eine gewisse depressive Verbitterung ein, die zu einer Grundhaltung führen kann, in der alles durch eine schwarze Brille gesehen und dementsprechend interpretiert wird. Vor diesem Weg sollten wir alle auf der Hut sein. Wer sich selbst nur mehr als „Opferseele" fühlt oder gar meint, eine solche sein zu müssen, ist bereits mitten auf dem vorhin skizziert Weg.

Ich will einfach nicht glauben, daß die einen für das Geben und die anderen für das Empfangen bestimmt sind. Und ich lasse auch die großen sozialen Heiligen hier nicht als Gegenargument gelten, überzeugt davon, daß gerade sie so vieles gegeben haben und geben, weil sie selbst stets bereit waren bzw. sind, viel zu empfangen.

Mich stört es daher auch zu hören, daß bestimmte Menschen oder Berufsgruppen halt nur zum Geben berufen sind: die Seelsorger, die Sozialarbeiter, die Eltern... (hier kann sich noch jeder dazuschreiben, der auch dieser Idee anhängt). Da ich selber auch Seelsorger bin, möchte ich als Beispiel diesen Bereich herausgreifen:

In den letzten zehn Jahren habe ich versucht, viele Menschen in gewaltigen Grenzsituationen zu begleiten, mich mit ihnen wirklich einzulassen, mit ihnen Leid zu teilen. Zunächst meinte ich selber auch, das wären Aufgaben, wo es nur zu geben und wieder zu geben gilt. In der Tat, oft war das Geben so hart verlangt, daß es physisch und psychisch gar nicht leicht war. Aber ebenso muß ich ehrlich bekennen, daß ich in diesen Jahren unsagbar beschenkt wurde: ich habe Sterbenskranke erlebt, die mit tiefstem Glauben ja zu ihrer Situation gesagt haben und mutig auf den Tod als Tor zur Lebensfülle zugegangen sind. Ich habe oftmals erfahren, wie Menschen meine Hand genommen und mir tausendmal ihre Dankbarkeit ausgedrückt haben, ja wie die, die ich trösten wollte, mich selbst getröstet haben... Da kann man Gebende und Empfangende nicht mehr auseinanderhalten, und wohl deswegen bricht dabei Leben auf.

Ähnliche Erfahrungen erzählen mir jene, die in anderen Seelsorgsbereichen aktiv sind. Wer daher heute in der Seelsorge tätig ist, sollte nicht nur weitersagen, wieviel da zu geben nötig ist, sondern er sollte noch mehr und mit Begeisterung von den beglückenden Erfahrungen des Beschenktwerdens erzählen.

Wir sollten uns gemeinsam auch jenen zuwenden, die ihr Leben oder ihren Beruf bloß als „Opferweg" darstellen oder sich als (letztlich ausgenützte) „Opferseelen" fühlen und, um eine Infragestellung dieser Fixierung zu vermeiden, auch noch stolz darauf sind. Sie müssen ermutigt werden, sich selbst auch als Empfangende zuzulassen und die vielen Möglichkeiten dazu dankbar anzunehmen.

Jeder von uns, der sich, wo und wie auch immer, primär oder gar ausschließlich in der Geberrolle erfährt, sollte den Mut finden, diese Rolle nicht unreflektiert weiterzuspielen und so Raum für Lebenserweiterung schaffen.

Das Sprichwort „Geben ist seliger als nehmen" klingt sehr heroisch, aber es ist auch überstrapaziert. Seligkeit wird in der Regel des Lebens doch eher dort zuteil, wo großzügiges Geben und dankbares Annehmen eine Einheit bilden.

WARUM REDEN WIR NICHT MEHR VON SÜNDE?

Es ist unmodern geworden, von Sünde zu reden. Wahrscheinlich ist dies auch eine Reaktion darauf, daß früher zu vieles zu voreilig als sündhaft abqualifiziert wurde. Die Vermeidung des Begriffes „Sünde" kann auch Protest gegen anerzogene, rückblickend als ungerechtfertigt empfundene Schuldgefühle sein. Auch wird es nicht verwundern, wenn jene, die ihre Heimat in ihrer Kirche aufgeben, dort vorfindbare Begriffe bewußt ablegen.

Die noch wichtigere Frage ist aber wohl die, ob heute statt „Sünde" einfach andere, vielleicht auch bessere Begriffe verwendet werden oder ob sich das Verständnis dessen, was als Sünde bezeichnet wird, geändert hat. Dabei muß uns klar sein, daß sowohl ein Begriffswandel als auch eine geänderte Inhaltsdefinierung nicht von vornherein schlecht sein müssen.

In unserem Rahmen geht es nicht primär um Definitionen, sondern um die Frage, was das alles mit Leben, mit unserem konkreten Zusammenleben zu tun hat und wo und wie wir von Sünde reden müssen, wenn es darum geht, miteinander leben zu lernen. Dabei sollen auch hier grundsätzliche Impulse zum Weiterdenken gegeben werden.

Wir haben schon über Freiheit nachgedacht. Wo es Freiheit gibt, gibt es Verantwortung. Und wer Verantwortung übernimmt, der kann durch seine Worte und Taten, mit seiner ganzen Existenz hinter dieser Verantwortung zurückbleiben, sie wenig oder gar nicht wahrnehmen.

Als Glaubender bin ich fasziniert davon, daß Gott mich in meiner Einmaligkeit haben will, mich als sein Ebenbild mit höchster Würde ausstattet und mir freien Raum für meine Lebensgestaltung gibt mit dem Auftrag, in allem die Liebe zu tun. Wenn ich das aufrichtig bedenke, tut es mir spürbar weh, daß ich den geschenkten Freiraum zuwenig nütze, daß ich Verantwortung, die ich übernehmen soll, wegschiebe, daß ich zur Begrenzung beitrage, wo ich der Grenzenlosigkeit verpflichtet bin, daß ich zerstöre, wo Aufbau nötig wäre, ja, daß ich eben nicht, wie es mir aufgetragen ist und ich es für richtig fände, in allem die Liebe lebe. Wenn ich dies aufrichtig bedenke, dann sagt mir mein Gewissen, wie ich reden und handeln müßte, wo längst Korrekturen fällig wären, um nicht vom Weg der Liebe abzukommen.

Natürlich gibt es hier die Bandbreite von Zentralem bis hin zu eher Nebensächlichem, wenn auch die genaue Einstufung oft außerordentlich schwer ist. Manchmal denke ich, das oder jenes sei doch unbedeutend, und im nachhinein erlebe ich, daß es viel bedeutsamer war, als ich vermutet hatte. Es gibt auch Situationen, wo die Bewertung umgekehrt ausfällt.

Als Christen benennen wir das Schuldigbleiben von Liebe, die Verweigerung von Begegnung, das Schuldigwerden an der Schöpfung als Sünde. Unendlich trostvoll ist es für uns, zu wissen, daß Gott uns trotz unserer Neigung zur Sünde und tatsächlichen Sündhaftigkeit die Geborgenheit nicht entzieht. Es ist in diesem Sinne daher legitim und notwendig, die Sünde auch als solche zu bezeichnen. Wer sensibel ist für das göttliche und mitmenschliche Du und für sich selbst, erfährt einfach mit sich das, was wir Sünde nennen. Wir würden uns selber und auch den Mitmenschen keinen guten Dienst erweisen, würden wir von Sünde nicht mehr reden, sie nicht mehr bekennen und nicht mehr um Vergebung bitten. Dann würden wir auch mit unseren zu Recht bestehenden Schuldgefühlen nicht mehr zu Rande kommen.

Wir sollten aber auch ehrlich sehen, daß es heilvoll ist, nicht in allem und jedem gleich Sünde zu vermuten und sie vor allem nicht den anderen zuzuschreiben. Wenn alles gleich als Sünde angesehen wird, dann geht viel an Spontaneität, Kreativität und auch Risikobereitschaft verloren. Wie bedauernswert sind doch jene, die so erzogen wurden, daß sie immer gleich Sündhaftes befürchten. Diese Menschen leben ständig in Angst vor Gott, vor sich und dem Du, gehen ständig auf Distanz, sehen und bewerten vieles durch eine schwarze Brille und stehen häufig in einer umfassenden Lebensbehinderung; quälen sich und andere und fühlen sich nicht einer befreienden Botschaft, sondern einer erdrückenden Drohbotschaft verpflichtet.

Gott ist ein liebender, ein befreiender und großzügiger Gott, der uns freilich auch an unsere Verantwortung erinnert. Wir sollten daher auch heute von Sünde reden, aber noch viel mehr von der Liebe. Liebende sind in höchstem Maße sensibel für Schuldigwerden auch im Kleinen.

Wenn wir unsere Aufgabe darin sehen, in allem noch mehr die Liebe zu tun, und einander auf diesem Weg begleiten, dann sagt uns unser Gewissen recht laut, wo wir der Sünde verfallen. Wir alle sollten das Gewissen und seine verantwortete Entscheidung noch viel ernster nehmen und miteinander ständig um eine gute Gewissensbildung bemüht sein. Dann aber müssen wir uns und den anderen zutrauen, daß jeder seine Entscheidungen trifft, seine Wertordnung verfeinert und Verantwortung selbst wahrnimmt.

Wenn Gott uns schon Mündigkeit zutraut, sollten wir sie auch einander zugestehen. Seien wir doch ehrlich: Wenn wir das Helle und Leuchtende herausstellen, dann kommen wir doch gar nicht mehr auf die Idee, zu übersehen oder zu leugnen, daß es auch das Finstere gibt. Wer sich grundsätzlich dem Guten verschreibt, von ihm sich leiten läßt und erzählt, der erfährt natürlich das Böse auch im Kleinen, ohne danach Ausschau halten zu müssen.

Auf diese Weise könnten wir längerfristig wegkommen von der vordergründigen Überlegung, ob ein Gesetz schon verletzt wurde oder noch nicht. Auch die scheinheilige Rechtfertigung, man habe niemanden umgebracht und nichts verbrochen, wird dann hinfällig. Wir brauchen auch die Waagschalen nicht mehr, die uns anzeigen, ob das Vergehen vielleicht doch noch als sogenannte läßliche Sünde interpretiert werden könnte oder schon schwerer Natur ist.

Wahrhaft Liebende haben, so meine ich, ausreichend Sensibilität dafür, was diese Liebe bereichert und was sie vertieft. Da wird so manches viel strenger sein, als Außenstehende vermuten würden, anderes wieder viel großzügiger.

Damit meine ich nicht, daß sei ausdrücklich betont, daß wir auf allgemeine Normen verzichten und alles in den individuellen Bereich verlagern sollen. Aber die Rahmenbedingungen können immer nur eine negative Abgrenzung sein. Liebe jedoch befähigt zu weit mehr. Sie fragt nicht bloß, was darf ich nicht tun, sondern was kann ich tun, wie kann ich noch mehr dazu beitragen, damit alles gut, heil wird.

Ich kann am Sonntag zum Gottesdienst gehen, um das Gebot zu erfüllen und keine Sünde zu begehen, aber ich kann dies auch tun, um mit meinen Schwestern und Brüdern im Glauben Gott die Treue zu bezeugen und ihn zu loben, ihm zu danken und ihn zu bitten, also mit ihm zu feiern, und dies nicht nur in persönlicher „Hochstimmung".

Ich kann, um dem Gebot Rechnung zu tragen, eine Feindschaft formal beenden, aber weiterhin kühle

Distanz bewahren. Ich kann jedoch auch versuchen, die Wurzeln der Feindschaft zu finden und zu einer Versöhnung zu gelangen, die es dann nicht beim Nebeneinander beläßt, sondern zum Miteinander führt. Jeder von uns ist in der Lage, hier weiter Beispiele aus dem eigenen Leben anzuführen und daraus auch Folgerungen zu ziehen.

Was wir heute benötigen, ist eine neue Sensibilität für das Wesentliche. Und dieses treffen wir nicht nur im Großen, sondern auch im Kleinen an. Der Blick dafür wird dort frei, wo wir Ehrfurcht haben vor Gott, vor dem Du, vor uns selbst und vor der Schöpfung. Unsere Sendung ist es nicht, möglichst viele Gebote zu erfüllen, sondern in allem die Liebe zu tun.

STELL DIR VOR, WIR BEGINNEN ZU VERZEIHEN!

„Da trat Petrus zu ihm und fragte: Herr, wie oft muß ich meinem Bruder vergeben, wenn er sich gegen mich versündigt? Siebenmal? Jesus sagte zu ihm: Nicht siebenmal, sondern siebenundsiebzigmal.“ (Mt18,21–22)

Jeder von uns kennt diese Stelle aus der Heiligen Schrift. An sich ist sie für uns, weil wir sie so oft hören, eine Selbstverständlichkeit geworden. Aber haben wir schon einmal davon geträumt, was sich ereignen würde, wenn wir den Auftrag Jesu ernst nähmen?

Stellen Sie sich vor, wir beginnen tatsächlich zu verzeihen! Könnten Sie wirklich jedem von Herzen verzeihen, der Ihnen in Ihrem Leben Böses angetan hat? Malen wir uns einmal dieses Fest aus, das wir da feiern könnten: wieviel Verbitterung würde sich da lösen, welch neue Tiefen und Höhen der Freude aufbrechen, wieviel Sehnsucht nach Frieden würde erfüllt werden. Ich bin sicher, dieses Fest würde uns so ansprechen und begeistern, daß wir es immer neu vorbereiten und feiern würden.

Dabei braucht es nicht beim Traum von diesem Fest zu bleiben, wir können heute noch mit den Vorbereitungen beginnen. Ich kann selbst initiativ werden und auch andere zur Teilnahme an diesem Fest, ja zur aktiven Mitfeier einladen. Wir könnten es in Anlehnung an Worte der Heiligen Schrift das „Fest von neuen Menschen“ nennen. Denn wenn wir beginnen, zu vergeben und um Vergebung zu bitten, und dies wirklich aus dem Herzen heraus tun, fangen wir an, andere, neue Menschen zu werden; befreite Menschen, frei von Schuld. Und das gehört doch gefeiert, weil Befreiung feiernswert ist.

Vor allem in unseren Ehen, Familien und Gemeinschaften, in denen wir beheimatet sind, sollten wir Versöhnungsfeste miteinander feiern. Das kann recht schlicht, aber auch einmal aufwendig sein. Das Entscheidende aber ist, zu erleben, daß Verzeihung und Versöhnung nicht bloß ein rationaler Vorgang ist, sondern daß vor allem das Herz, unsere Gefühle unmittelbar und zentral angesprochen sind.

Das gilt für die Versöhnung mit uns selbst, mit den Mitmenschen und mit Gott. Gottseidank beginnen wir heute auch schon im kirchlichen Raum, gerade auch im Zusammenhang mit Vergebung und Versöhnung Gefühle zuzulassen und Versöhnung auch wirklich zu feiern.

Hier ist sicher ein Punkt, wo uns die Frauen in der Kirche vieles lehren und beim Einüben helfen können. Denken wir nur daran, daß heute schon für viele Kinder die Erstbeichte zu einem Versöhnungsfest wird, wo sie als ganze Menschen angesprochen sind und sich ausdrücken können und so erfahren, daß Versöhnung in der Tat mit Freude verbunden ist. Voraussetzung für diese Entwicklung aber war, daß Frauen zu wesentlichen Trägern und Gestaltern der Vorbereitung auf die Erstbeichte und die Erstkommunion geworden sind. Hier tut sich ein neuer Reichtum auf, der eben von Männern in dieser Form nicht eingebracht werden kann. So dürfen wir wohl hoffen, daß nicht nur die Erstbeichte ein Versöhnungsfest ist, sondern daß es uns miteinander gelingt, Versöhnung überall zu einem Fest werden zu lassen, wo wir als ganze Menschen Betroffene sind und nicht nur einen intellektuellen Vorgang ablaufen lassen, der uns letztlich innerlich kaltläßt.

Ich meine, es wird uns zur Versöhnung viel mehr drängen, wenn wir sie stets neu feiern. Es gibt so viele Worte, Zeichen, Ausdrucksmöglichkeiten, um dies zu tun. Wie beglückend ist es, dem anderen als Zeichen der Versöhnung die Hand zu geben, das Du zu spüren, einander zu umarmen und so mit Körper, Seele und Geist mitzuteilen:

Du bist für mich wertvoll. Ich freue mich, daß nichts mehr zwischen uns steht, daß wir einander in die Augen sehen und daß unsere Herzen einander voller Güte begegnen dürfen!

Besonders wichtig ist es wohl, wenn wir in unseren Familien wieder mehr Versöhnung auch feiern. Wer dies hier in natürlicher Form immer wieder erleben darf, der wird dies dann auch außerhalb tun und andere dazu motivieren können. Viele Kinder haben noch nie erlebt, wie Mutter und Vater sich wieder versöhnen, sei dies nun in ganz kleinen oder in größeren Angelegenheiten. Paralleles gilt auch für die Versöhnung zwischen Eltern und Kindern. Es ist zu wenig, dem Kind nur mit Worten zu sagen, daß nun wieder alles gut sei. Die Eltern müssen das Kind auch spüren lassen, daß hier Versöhnung geschieht.

Leider gibt es auch heute noch Eltern, die meinen, es schade ihrer Autorität, wenn sie ihre Kinder um Verzeihung bitten. Die Bitte um Vergebung darf nicht einfach dem Schwächeren zugeordnet werden, die steht uns allen gut an, und jeder von uns hat immer wieder Grund genug, sie ehrlich auszusprechen.

Freilich sollten wir hier erwähnen, daß sich viele von uns schwertun, sich vergeben zu lassen, dies als Geschenk und nicht als Demütigung zu verstehen. Doch es ist befreiend und beglückend, wenn mir mein Kind sagt, daß es mir verzeiht und mir mitteilt, daß es mich ja so viel lieb hat. Ein Kind kann so ursprünglich, so ohne Nebenabsichten, so ganz und gar ohne Vorbehalt verzeihen. Da können und dürfen wir Erwachsene sehr viel lernen.

Solange ein Kind noch nicht durch eine fragwürdige Erziehung fremdgeleitet und -bestimmt ist, entfaltet es auch im Verzeihen eine geradezu unerschöpfliche Phantasie.

Auf diesem Hintergrund wird wohl recht deutlich, wieviel wir im Bereich der Versöhnung voneinander und miteinander lernen können, um dann aber auch ganz wir selbst sein zu können.

Ein Leben in Vertrauen und Frieden bedingt eine Atmosphäre der Versöhnung. Vieles schreit heute nach Versöhnung – im Kleinen und im Großen. Wir müssen daher hellhörig werden, um zu erfahren, wo wir Leben stören, bedrohen, unterdrücken und zerstören. Da braucht es noch viel mehr Sensibilität, nicht nur intellektuelle Analyse.

Wieviel an Verbitterung und letztlich Haß türmt sich doch in der Art und Weise, wir wir miteinander umgehen, auf: in Ehe und Familie, in der Schule und am Arbeitsplatz, in Politik und Gesellschaft, auch in unseren Kirchen. Vieles beginnt im Verborgenen und wird eines Tages zur Lawine, die kaum mehr zu bändigen ist.

Verzeihen können und sich verzeihen lassen ist Grundvoraussetzung für gutes Leben. Vor allem muß ich überzeugt sein, daß es an mir selber liegt, eine Atmosphäre der Versöhnung zu schaffen, statt nur zu warten, bis endlich andere damit anfangen.

FEIERN UND TRAUERN: DAS IST LEBEN

Leben ist charakterisiert durch Spannung. Wir denken dabei an Tag und Nacht, an das Werden und Vergehen, an Licht und Schatten, Freude und Leid, Höhen und Tiefen... Die Spannungen und Erfahrungen, Ängste und Hoffnungen verdichten sich in unserer Lebensgeschichte im Feiern und im Trauern. Ein symbolträchtiges und urmenschliches Element verbindet diese beiden Grundvorgänge: die Tränen. Sie können Ausdruck überquellender, spontaner Freude, aber auch überwältigender Trauer sein. Daß wir heute immer seltener Tränen sehen und unmittelbar trocknen können, zeugt wohl davon, wie arm im Feiern, wie arm im Trauern wir geworden sind. An die Stelle spontanen Ausdruckes sind weithin starre Zeremonielle getreten.

Es wird uns heute gesagt, daß Feiern und Trauern in die Privatsphäre gehörten und daß dies auch gut wäre, da durch den Abbau des schützenden Intimbereiches ohnedies nahezu alles „veröffentlicht" werde. Es gibt aber auch hinreichend Erfahrungen, die die Vermutung bestätigen, daß auch im privaten Bereich das Feiern und Trauern selten geworden ist, so daß wir sogar sagen könnten, daß wir es weithin verlernt haben, miteinander zu feiern und zu trauern. Dies aber bedeutet eine verheerende Verödung, Leere und Vereinsamung in unserem Leben.

Feiern und Trauern haben mit dem ganzen Menschen zu tun und verlangen ganzheitliche Ausdrucksformen; es bedingt, daß ich aus mir herausgehe und mich anderen mitteile.

Es ist unmöglich, sozusagen konferenzmäßig, distanziert, amtlich Freude und Trauer aufzuarbeiten. Da können die ausgesprochenen Worte noch so gut gemeint und ausgefeilt sein, sie werden die Herzen nicht bewegen und auch keine Betroffenheit auslösen. Was wir nur allzu oft erleben, sind bloß nach einem Plan ablaufende Rituale, die mit Feier nichts gemein haben. Dieses Defizit macht uns heute schwer zu schaffen, bis in die Liturgie hinein. Das zu bestreiten ist zwar eine verständliche Verteidigungsreaktion, führt uns aber keinen Schritt weiter, sondern eher zurück.

Feiern und Trauern, wobei beides auch zusammenfließen kann, gibt es nur dort, wo Menschen bereit sind, nicht irgend etwas, sondern sich selbst einzubringen, sich selbst auch preiszugeben und mitzuteilen: mit Gesten, mit den Sinnen, mit allen Gefühlen und, aber eben nicht nur, mit Worten. So großartig und wichtig das Wort ist, so begrenzt und ergänzungsbedürftig ist es auch. Wer offen ist auf andere hin, weiß doch, daß Tränen in bestimmten Situationen weit mehr auszudrücken vermögen als viele Worte zusammen. Eine Umarmung im rechten Augenblick kann weit stärker (und natürlich auch spontaner) Zuwendung vermitteln als hundert Erklärungen. Ähnliches gilt für ein herzliches Mitlachen und Mitfreuen.

Sehen wir uns doch auf diesem Hintergrund unsere sogenannten Feiern einmal an: daheim, im Betrieb oder Büro, im Freundeskreis und auch in unserer Kirche. Ist da nicht sehr vieles, was geändert, vertieft und erneuert, erst mit Leben erfüllt werden müßte? Entdecken wir da nicht vieles, das bloß „abläuft", unter Ausschaltung des Gefühls rational abgehandelt wird aus Angst davor, seine Gefühle zu zeigen, so daß bei niemandem Betroffenheit aufkommt? Sollten wir uns nicht alle hier in höchstem Maße anstrengen, um in unser Feiern Bewegung hineinzubringen? Das heißt, es ginge in erster Linie wohl darum, daß jeder von uns sich fragen müßte: Was kann ich ganz persönlich in eine Feier einbringen, was kann ich tun, um mich spontan, auf meine Art, mitzuteilen?

Es geht nicht darum, was *man* tun müßte, damit unsere Feiern wieder Feiern werden. Diese Frage wird hinterher zwar immer gestellt, aber sie führt uns nicht weiter. Nicht was *man* tut, besitzt die Kraft, Betroffenheit auszulösen, sondern was *ich* einbringen kann, was *wir*, die wir zum Feiern zusammenkommen, beitragen können, und zwar jeder auf seine ganz persönliche Art und nach seinen Möglichkeiten.

Natürlich darf eine Feier eine entsprechende Struktur haben, auch eine gewisse Ordnung, und sie soll in der Regel auch gut vorbereitet sein. Aber ebenso muß genügend Raum frei bleiben für Einmaligkeit.

Junge Menschen drücken ihre Freude, Sehnsüchte, Gefühle, Sorgen und Nöte anders aus als alte Menschen, Frauen anders als Männer, Kinder anders als Erwachsene. Aber diese Vielfalt läßt die Feier zum Fest werden und ermöglicht die Erfahrung des Selbst und auch der Gemeinschaft. In dieser Atmosphäre wird dem Menschen auch der Weg für die Gotteserfahrung geebnet. Ein wirkliches Fest kann nicht bloß ablaufen, es muß sich ereignen. Die Dichte des Erlebnisses wird dabei von Mal zu Mal und auch von Mensch zu Mensch verschieden sein.

Aus den angeführten Überlegungen ist es nicht übertrieben, zu sagen, daß wir feiern und trauern erst bzw. wieder lernen müssen. Sagen wir tatsächlich beides: feiern und trauern. Sie gehören zusammen, sind wie die zwei Seiten einer Münze. Wer seine Freude unbeschwert auszudrücken vermag, ist auch fähig, seine Trauer mitzuteilen. Und wie die Freude ohne Mitteilung begrenzt bleibt, so entbehrt die Trauer ohne Kundgabe der Tröstung. Feiern und trauern sind Vorgänge, in denen wir unser Leben ganzheitlich zur Sprache bringen und vertiefen können. So ist es möglich, daß Verdichtungspunkte in unserer Biographie entstehen, in denen wir neue Wege entdecken, Kraft bekommen und auch neue Lebenspläne entwerfen.

Wir sollten mehr feiern und auch kleine Anlässe dazu nützen. Denn im Feiern brechen wir aus der Routine des Alltags aus, erheben uns gleichsam über ihn und können, wieder zurückgekehrt, ihn aufs neue lebenswert gestalten.

Eine gute Feier läßt uns erahnen, daß wir von unserem Schöpfer für gutes Leben geschaffen sind und daß wir unser irdisches Leben hindurch auf ein ganz großes Fest hin unterwegs sind. Für die Glaubenden kann jede Feier, wenn sie echt ist, ein kleines Abbild dieses unvorstellbar beglückenden Festes sein. Vor allem dann, wenn wir das Wichtigste zur Feier mitbringen: Zeit, ein offenes Herz und die Bereitschaft, zu schenken und uns beschenken zu lassen.

Ähnliches gilt auch für das Trauern. Schmerz und Leid können uns so quälen, daß sie uns bis an den Rand der Verzweiflung treiben. Da das Trauern wesentlich zum menschlichen Leben gehört, läßt sich die Anteilnahme daran auch einüben. Es wird zwar nicht immer so sein, daß geteiltes Leid nur mehr halbes Leid ist, aber daß gemeinsames Trauern Leid mildert und tröstet, dürfte weithin unbestritten sein. Doch wie erschreckend trauerfeindlich sind oft unsere sogenannten Trauerfeiern. Was wird da oft an starrem Zeremoniell abgespult, Phrasen gedroschen, Verdrängungen produziert und an den Trauernden vorbeigeredet. Warum? Weil die Trauernden ständig „beredet" werden, ohne daß sie selbst zu Wort kommen; es werden ihnen Ratschläge erteilt, ohne ihre wirklichen Gefühle zu kennen; es werden Allgemeinplätze vorgesetzt, ohne die konkrete Situation zur

Sprache zu bringen; es wird den Gefühlen kein Raum gegeben, weil viele danach trachten, möglichst rasch aus dieser unangenehmen Situation zu herauszukommen. Die Trauerreden bei einem Begräbnis bieten dafür ein Beispiel. Wie armselig, situationsfremd, routinemäßig, inhaltsleer, gefühllos und geradezu grotesk sind sie doch oft! Oder denken wir etwa an das sattsam bekannte „Mein Beileid!" nach einem Todesfall. Ist es nicht erschütternd, mit diesen distanzierten, neutralen, floskelhaften Worten ein Gefühl des Mittrauerns auszudrükken. Da wäre es wohl besser, gar nichts zu sagen, als ein Mitgefühl vorzutäuschen. Ich könnte meine Gefühle den Trauernden aber auch so sagen, wie ich sie erlebe. Und wenn mir zum Weinen ist, warum sollte ich mich zurückhalten? Oder wenn es mich drängt, dem anderen wortlos um den Hals zu fallen, warum tue ich es nicht? Zeigen uns derartige Überlegungen nicht, wie arm wir in unseren zwischenmenschlichen Beziehungen geworden sind, wie gehemmt und unnatürlich und damit auch unmenschlich? Worte werden schnell zu Phrasen, wenn das Herz nicht zu einer ganzmenschlichen Begegnung drängt.

Es wäre einer Untersuchung wert, ob diese Verarmung im Feiern und Trauern nicht auch damit zusammenhängt, daß unsere Öffentlichkeit bisher fast ausschließlich von Männern geprägt und die Spielregeln des Umgangs miteinander von ihnen aufgestellt wurden? Männer sind durch das Rollenspiel eher auf das Rationale, Distanzierte und Ritualisierte fixiert. Ich bin nicht zuletzt aus diesem Grund überzeugt, daß dem ersten Schritt der Erneuerung der Liturgie nach dem Zweiten Vatikanischen Konzil nun ein weiterer folgen muß, der nochmals einen gewaltigen Umbruch bringen wird, nämlich die Einbeziehung der Frau, der Art und Weise, wie sie feiert, fühlt, sich ausdrückt, sich einbringt, wie sie angesprochen werden will, damit sie sich betroffen fühlen kann. Diese Entwicklung können wir jetzt schon vorantreiben. Denn egal, was die Diskussion über die Zulassung der Frau zum Amt in unserer Kirche für die nähere Zukunft bringt: die Tatsache, daß unsere liturgischen Feiern fast gänzlich eine von Männern für Männer gestaltete Liturgie sind, kann nicht bestritten werden. Es läßt sich dies aber ändern, wenn Frauen verstärkt nicht als „irgendeine Ergänzung" einbezogen werden, sondern sie umfassend, von der Substanz her, mitgestalten und sich einbringen können. Dann werden wir nicht nur formal Brüder und Schwestern sagen können, dann brauchen auch nicht wir Männer den Frauen sagen, wie sie sich auszudrücken hätten, sondern dann können wir miteinander feiern und werden dabei eine neue Betroffenheit erleben.

GLAUBE IM LEBEN, LEBE IM GLAUBEN!

„Ich hebe meine Augen auf zu den Bergen: Woher kommt mir Hilfe? Meine Hilfe kommt vom Herrn, der Himmel und Erde gemacht hat." (Psalm 121,1)

Der Glaubende erinnert sich des Bundes, den Gott mit allen Menschen geschlossen hat, und er weiß auch, daß es gut ist, sich mit dem lebendigen Gott einzulassen.

Aufblicken, sich erheben und aufgerichtet werden, Gott die Treue halten und Geborgenheit in ihm erfahren, das sind wesentliche Elemente echten Glaubens.

Viele haben schon propagiert, daß es sich doch auch ohne Gott recht gut leben lasse. Sicher steht oft auch eine mißverstandene Sicht des Glaubens dahinter, eine verzerrte Darstellung dessen, was wir Glauben nennen. Besonders verhängnisvoll ist es, wenn wir Christen Glauben und Leben trennen, ein Leben führen, das dem Glauben, den wir zu haben vorgeben, widerspricht, und wenn der Glaube verkündet wird, als wäre er etwas vom Leben Abgehobenes.

Es soll hier nicht darüber diskutiert werden, ob unsere Gesellschaft glaubensloser ist als die vergangener Zeiten, ob heute der Glaube radikal abnimmt oder zumindest teilweise bereits wieder zunimmt. Viel wichtiger scheint mir die Überlegung zu sein, wie wir wieder eine gemeinsame Sprache finden können, um einander zu verstehen, wenn wir vom Glauben, von *unserem* Glauben sprechen; wie wir wieder fähig werden können, unsere Sehnsucht nach Glauben, unsere Glaubenskrisen und unsere Glaubenserfahrungen zu verbalisieren und einander mitzuteilen. Sicher sind dazu viele Schritte notwendig, vor allem die Bereitschaft, sich mit sich selbst, mit den Mitmenschen und mit Gott radikal und umfassend einzulassen.

Vielleicht liegt ein großes Problem auch darin, daß wir den Glauben fast ausschließlich zu einer Verstandessache gemacht, das Herz vernachlässigt haben. Es soll hier nicht das eine gegen das andere ausgespielt werden, Extreme führen meist zum Chaos und zur Pervertierung. Aber hören wir doch einmal darauf hin, wie wir uns artikulieren, wenn wir vom Glauben reden: da ist der Glaube quasi etwas, über das man redet wie über einen Gegenstand, sachlich, nüchtern, ohne besonderes Engagement. Gibt es da auch Bekenntnisse, Ausdruck von Ringen und Suchen, Mitteilungen von Herz zu Herz, Kundgabe von Gefühlen, Preisgabe von persönlichen Erfahrungen? Glaube hat nun einmal mit Gemeinschaft zu tun und ist nicht nur der Privatsphäre zuzuordnen, auch wenn diese ihren berechtigten Platz hat. Wie soll denn Glaubensfreude entstehen, wenn wir einander nicht mitteilen, und wie sollen wir Stärke im Glauben und ein gesundes Selbstbewußtsein finden, wenn wir uns nicht gegenseitig ermutigen. Da lassen wir uns lieber in die „Sakristei" abdrängen, entschuldigen uns beinahe, daß wir noch im Glauben verankert sind, und tun so, als ob glauben wirklich hieße, nichts zu wissen.

Im Buch der Psalmen finden wir das vertrauensvolle Bekenntnis: „Ich will dich rühmen, Herr, du mein Fels, meine Burg, mein Retter... Mit dir erstürme ich Wälle, mit meinem Gott überspringe ich Mauern." (Psalm 18, 2 und 30) – Ist das nicht ein herrliches und höchst wirksames Lebensprogramm? Denken wir doch einmal darüber nach, was sich da alles ändern ließe, wenn ich mich diesem Programm verschreiben würde. Könnte das nicht geradezu schlagartig meinem Leben neue Dimensionen eröffnen?

Noch drastischer, noch lebendiger wird dieses Bekenntnis, wenn wir ihm die Vision aus dem Buch Jesaja hinzufügen: „Ich mache die Wüste zum Teich und das ausgetrocknete Land zur Oase. In der Wüste pflanze ich Zedern, Akazien, Ölbäume und Myrten..." (Jes 41, 18–19). Ja, der Glaubende sieht und erlebt wirklich alles in einem anderen Licht, er hat Träume und Visionen und weiß, daß er sie mit Gott auch erfüllen kann.

Mit Recht darf jetzt eingewendet werden, daß das konkrete Erscheinungsbild unserer Kirchen dem bei weitem nicht gerecht wird. Ehrlich gesagt, mir geben die Jammergesänge und der Resignationsaustausch in unseren kirchlichen Gemeinschaften auch sehr zu denken. Manche Gremien scheinen primär die Zielsetzung zu haben, Defizite aufzuspüren, darzustellen und möglichst gut zu belegen; diese Defizite dann zu bejammern, sich selbst leid zu tun und dann noch moralisierend auf die böse und schlechte Welt zu schimpfen. Keine Vision von der Wüste, die zur Oase wird, und kein freudiges Bekennen, daß wir mit unserem Gott über Mauern springen können!

Gottseidank entstehen schon da und dort Bewegungen, die den Mut haben, Visionen zuzulassen und sie mit Leben zu erfüllen. Ich habe die Vision, daß diese Aufbrüche noch viel massiver werden. Menschen des Aufbruchs stecken an, weisen neue Wege und überspringen Mauern. Sie haben die Kraft, Jammerer und Resignierende, die nur mehr im Kreis gehen und einander mitleidig ansehen, zu motivieren, doch aufzublikken, um zu sehen, wie die Wüste zu blühen beginnt. Das Faszinierende am Glauben ist doch, nicht aus dem Leben enthoben, sondern in das Leben hineingestellt zu sein. Um im Bild von vorhin zu bleiben: dabeisein dürfen, mitgestalten dürfen, damit Wüste zur Oase wird.

Es gibt viele Wüsten in unser aller Leben, ausgetrocknetes Land, das dringend des Wassers bedarf. Wer schon mit Menschen, die in der Wüste leben, gesprochen hat, der weiß, was für sie Wasser bedeutet und wie sie die Oase erleben. Da bleibt wenig von der Wüstenromantik, die wir heute verschiedentlich bei jenen antreffen, die nicht für längere Zeit in der Wüste leben müssen. Auf unser Leben übertragen heißt dies, daß der Glaube jenes Wasser spendet, das alles zum Blühen bringt. Unser Gott ist ein Gott des Lebens. Er hält beglückendes Leben für uns nicht nur jenseits unseres Sterbens bereit, sondern läßt es uns hier und jetzt schon erfahren. Das Schema: zuerst Jammertal, dann Freudenmeer, erst Strafe, dann Belohnung, erst Niederdrücken, dann Aufrichten ist nicht Charakteristikum für Leben, das Gott uns schenkt.

Der Glaube, unsere Einheit mit Gott und untereinander, unsere positive Antwort auf seinen einladenden Ruf, befähigen uns, diese Welt so zu gestalten, daß es trotz aller Begrenzung eine Freude ist, in ihr zu leben. Für Glaubende sollte es nichts geben, das nicht vom Glauben her durchdrungen ist, ja Glaube und Leben müssen letztlich eine Einheit bilden.

Kommen wir nochmals auf das Psalmwort „Mit meinem Gott überspringe ich Mauern" zurück. Da liegt so viel Hoffnung und Mut, so viel Zuversicht und Vertrauen, so viel Energie zum Handeln, so viel an Möglichkeiten zur Veränderung und zum Aufbruch, so viel an Sehnsucht und Geborgenheit, an Nähe, ja Einheit darin, daß mich tiefe Freude überkommt, an diesen Gott zu glauben und mit ihm zu leben. Da spüre ich hautnah, was Erlösung und Befreiung bedeutet, da bin ich aufgerichtet, egal was kommen mag. So wird Glaube Ausdruck von Leben und Leben Bekenntnis des Glaubens.

Mit meinem Gott überspringe ich Mauern!

Enttäuschung, Resignation, Passivität,
Hoffnungslosigkeit, Sündhaftigkeit, Angst!
Aber mit meinem Gott überspringe ich Mauern!

Mißverständnisse, Unterdrückung, Bedrohung,
Abhängigkeit, Gefühlschaos, Aggressivität!
Aber mit meinem Gott überspringe ich Mauern!

Zurückgezogenheit, Vereinsamung, Egoismus,
Verbitterung, Ausweglosigkeit, Selbstverneinung!
Aber mit meinem Gott überspringe ich Mauern!

Aufbruch, Zuversicht, Geborgenheit, Visionen,
Freude, Offenheit, Befreiung, Erneuerung,
Versöhnung, Freiheit, Selbstbejahung, Erfüllung,
Glaube, Hoffnung und Liebe:
Denn mit meinem Gott überspringe ich Mauern!

DA WUCHS IN MIR DIE SEHNSUCHT, ANDERS ZU WERDEN, ICH SELBER ZU SEIN

Alles, was mit „Lebenshilfe“ zu tun hat, wird heute von den einen gierig aufgesogen in der Hoffnung, jetzt endlich die Lösung zu haben, von den anderen massiv abgelehnt mit der Befürchtung, daß dies alles nur verunsichere.

Aus beiden Reaktionen können wir lernen. Wenn ich Ausschau halte, wie andere ihr Leben gestalten, wenn ich meine persönliche Lebensgeschichte verachte und mir die anderer Menschen aneignen will, dann wird es gefährlich. Denn es gibt nichts Trostloseres, als eine „Kopie“ zu sein. Das macht krank und läßt absterben.

Die Verunsicherung wieder ist dann fragwürdig, wenn sie mir Boden entzieht, ohne besseren Grund zu schaffen. Andererseits sollten wir unsere übertriebenen Ängste vor Verunsicherung doch abbauen. Veränderung ist naturgemäß mit Bewegung, mit Infragestellung, mit Unruhe und Erschütterung verbunden. Das kann und wird auch in den meisten Fällen zunächst schmerzlich sein. Der Zuwachs an Lebensmöglichkeiten gleicht dies aber bei weitem aus. Vieles in unserem Leben drängt zunächst nach Beharrlichkeit, nach Absicherung des Erreichten, nach Verankerung und Stabilität. Vor allem weil daraus Behaglichkeit und in der Folge Bequemlichkeit sich einstellt, und das tut fürs erste recht gut. Gleichzeitig ist dies aber der beste Nährboden für Frustrationen aller Art:

Diese können entweder zu Verbitterung und Verzweiflung führen oder die Sehnsucht nach dem ganz anderen wachsen lassen.

Die Sehnsucht, anders zu werden, sollten wir nicht nur zulassen, sondern ganz und gar bejahen. Achtzugeben gilt es freilich, und das ist das eigentlich Schwierige, daß dieses Anderswerden mich nicht von mir weg führt, sondern verstärkt mich selber werden läßt. Das gibt mir die Chance, meine Vergangenheit nicht verdrängen zu müssen, sondern sie in meine Lebensgeschichte integrieren und sie so auch aufarbeiten zu können, ohne dadurch für die Gegenwart und Zukunft blockiert zu sein. Was die Vergangenheit betrifft, kann ich deren Bewertung mit einer gewissen Gelassenheit anstellen, da der Blickwinkel und die Kriterien für die Bewertung sich ja in den kommenden Jahren durch neue Erfahrungen noch erheblich verändern können. Jedenfalls erleichtert das Ja zu mir selber auch die Versöhnung mit jenen Phasen meines Lebens, die ich heute besser gelebt wissen möchte.

Hier möchte ich persönlich auch die unvergleichlich heilsame Wirkung des Glaubens ansetzen. Denn aus ihm weiß ich, daß Gott mich in meinem Sosein liebt und heilt, was ich und andere nicht zu heilen vermögen. Es wäre demnach eine Verkürzung und Verzerrung des Glaubens, den Prozeß des Anderswerdens, der Erneuerung statt als Hingabe als Selbstaufgabe zu interpretieren und statt Selbstwerdung Selbstabtötung zu verlangen. Ich muß Ich selbst sein, um mit den anderen sein, für die anderen dasein zu können. Die entscheidende Frage bleibt daher: Wer bin ich, wer soll ich sein, und wie kann ich diese(r) werden, die (der) ich sein soll? Das Werden ist immer auf Zukunft hin angelegt. Darauf, wie ich das Kommende gestalte und nicht nur auf mich zukommen lasse. Das aktive Gestalten reduziert auch die Angst vor der Zukunft und schafft Raum für eine Haltung, die von Hoffnung geprägt ist und Freude zuläßt. Diese wieder steigert die Kreativität und Aktivität, was wiederum Bedingung ist, auch Erträumtes Wirklichkeit werden zu lassen. Und wenn auch Rückschläge uns immer wieder in die Realität zurückholen, braucht dennoch die Freude am Leben nicht verloren zu gehen. Ich werden ist der faszinierendste Auftrag in unserem Leben.

Ich werden

Man sollte, man müßte,
man wollte, man könnte.

Sie sollten, sie müßten,
sie wollten, sie könnten.

Ich *soll*, Ich *muß*,
Ich *will*, Ich *kann*

neu werden, Ich *werden.*

FANG AN ZU TRÄUMEN, DANN HAST DU ZUKUNFT!

Träumer sind heute verschrien. Sie werden eher den Narren zugeordnet, und ein solcher möchte man natürlich nicht sein. Wie armselig ist doch der Träumer in den Augen des aufgeklärten Realisten! Träume hört man sich vielleicht an, um eine Krankengeschichte zu schreiben oder eine solche zu analysieren.

Aber was ist mit dem Traum, der nicht in die Vergangenheit, sondern in die Zukunft gerichtet ist, dem Traum im Sinne von Vision? Wo gibt es denn heute diese Träumer? Wo bleiben die Visionen? Wir sind verarmt durch ihr Fehlen, durch ihre Unterdrückung!

Weh dem, der träumt, der Visionen hat, die über das Heute und Morgen hinausgehen! Diesem Motto haben sich viele verschrieben, viele auch von denen, die Verantwortung tragen in Staat und Gesellschaft, ja auch in Kultur und Kirche. Träumer, Visionäre sind unangenehm, sie stellen in Frage, stören die Ruhe, verhindern den angenehmen Schlaf, halten Ausschau nach neuen Wertordnungen und drängen nach sichtbaren Veränderungen. Das ärgert besonders die Etablierten und die Mächtigen. Gerade sie haben ja die „Seßhaftigkeit" als gemütliche Lebensform gewählt und wehren sich mit Händen und Füßen, zu einem Aufbruch gedrängt zu werden. Zu viele sind in den letzten Jahren „Etablierte" geworden – Mächtige, Herrschende, Habende, Allwissende, Tonangebende, Bewahrende und Unbewegliche. Sie meinen in der Oase zu sein, weil sie in der Wüste, in der sie leben, einige Wasserspuren entdeckt haben, die vielleicht gerade noch zum Überleben, aber nicht zum Leben an sich reichen. Die Träumenden möchten diesen die Wüste aufzeigen und sie einladen, sich doch auf die Suche nach der blühenden Oase zu begeben.

Im Traum können wir förmlich Raum und Zeit überwinden und Grenzen überschreiten. So ist der Träumende immer schon ein Stückchen weiter. Er sieht bereits die Sonne aufgehen, wo andere noch auf die Nacht und das Dunkel fixiert sind. Er spürt schon die Befreiung, wo andere noch die Fesseln anstarren. Von daher ist es auch begreiflich, daß der Träumende nicht gehört und schon gar nicht verstanden wird. Wo aber Träumende ausgeschlossen sind, dort stirbt alle Lebendigkeit.

Leben ist ohne Traum nicht denkbar. Wird uns denn der Beweis dafür nicht immer wieder in geradezu peinlicher Deutlichkeit vor Augen geführt? Wir sagen: Wenn es nur nicht schlechter wird, anstatt zu betonen, daß vieles durch unser Zutun besser werden könnte. – Wir beklagen die krankmachende Routine des Alltags, statt Festtage zu gestalten, die uns neue Kraft auch für Veränderungen des Alltags geben. – Wir starren gebannt auf das Negative, statt uns durch den Blick auch auf das Positive neuen Mut zu holen. – Wir huldigen unreflektiert der Tradition, statt aus der Tradition heraus neue Wege zu suchen. – Wir setzen uns satt zur Ruhe, statt hungrig nach Zukunft Ausschau zu halten. – Wir gründen ein Gremium nach dem anderen und berufen Sitzungen die Menge zum im Grunde bloß intensiven Resignationsaustausch ein, statt uns mit gewagten Visionen gegenseitig auf die Beine zu helfen... Ohne Traum, ohne Vision hört alles auf: die Hoffnung, der Glaube, die Liebe. – Warum? Weil jene, die nicht träumen, Wanderern gleichen, die ständig zurückblicken, bestenfalls den allernächsten Schritt begreifen, aber den Kopf nicht heben, um sich von den vor ihnen liegenden Höhen faszinieren zu lassen. Wer aber jeweils nur einige Meter des Wanderweges betrachtet, bekommt nie den wunderbaren Blick auf das Ganze. Nun mag es zunächst beglückend erscheinen, einzelne Steine zu meditieren. Aber erfüllend wird erst das Staunen über das ganze Panorama. Und mit diesem Staunen beginnt bereits die Vision, wie schön es erst vom noch höheren Gipfel sein wird... Das gibt Mut, eröffnet neue Reserven, weckt verborgene Kräfte.

Denken wir auch daran, wieviel und wie intensiv Liebende träumen und wieviel sie von dem auch verwirklichen, solange sie miteinander träumen! Was haben Glaubende in der Welt doch verändert, weil sie mutig und unverdrossen geträumt haben!

Die wirkliche Armut fängt dort an, wo zu träumen aufgehört wird, denn mit der Aufgabe der Vision beginnt der Abbau des Lebens. Wo Menschen aus der Erfahrung des Scheiterns sich nur mehr auf das Scheitern konzentrieren, Ehepaare nur mehr von den Geschiedenen erzählen, Eltern ihren Kindern nur mehr realistische Unheilsgeschichten vorsagen, Lehrer und Erzieher nur mehr Realismus vortragen und Seelsorger nur mehr Defizite beklagen, ohne vom anderen Morgen zu träumen, wird das Tor zur befreienden Zukunft, zur möglichen beglückenden Veränderung nicht nur zugeschlagen, sondern fest verriegelt.

Ohne Traum wird es sehr rasch kalt, armselig, öde, sinnlos, geistlos, gefühllos, lieblos, glaubenslos, hoffnungslos, angstvoll und tödlich. Wie anders wird es dagegen dort, wo geträumt wird. Es wird warm und licht, das Morgenrot wird sichtbar, Kräfte werden entfesselt und Fesseln gesprengt, Freiheit wird entdeckt und Wege tun sich auf; der Puls des Lebens beginnt zu schlagen und Feste werden vorbereitet, Zukunft wird geglaubt und Leben ereignet, ja verdichtet sich.

Wir sollten es weitersagen: Träumende, Visionäre sind gesucht! In jedem Lebensalter, in jeder gesellschaftlichen Stellung, in den Glaubensgemeinschaften, in unseren Ehen und Familien, in allen Formen menschlichen Zusammenlebens. Eltern müßten die Kinder, Lehrer die Schüler, Bischöfe die Gläubigen, Politiker die Staatsbürger, Vorgesetzte die Mitarbeiter zu Träumen, zu Visionen motivieren und so ihre Verantwortung für Zukunft wahrnehmen und diese gerade dadurch ermöglichen. Welche Lähmung, bis hin zur Leblosigkeit, tritt doch ein, wenn dies zuwenig oder wenn dies gar nicht geschieht!

Wenn wir „miteinander leben lernen", dann müssen wir unnachgiebig festhalten, daß dies von uns verlangt, wieder den Mut zum Träumen zu finden. Wir sollten einander darin bestärken, unsere Träume und Visionen einander mitteilen und viel gemeinsam träumen! Es ist kein Zufall, daß im Buch des Lebens, in der Heiligen Schrift, so oft und so viel von Träumen die Rede ist: Träume als frohe Botschaft, als Ankündigung und Mahnung, als Motivation zur Umkehr und als Stärkung im Glauben, als Quelle der Liebe und Basis für Hoffnung, als Anfang des Aufbruchs und als Puls des Lebens. Vielleicht haben viele von uns auch deshalb aufgehört zu träumen, weil sie dieses Buch des Lebens als vermeintlich nicht lebensnotwendig weggelegt und vor allem auch nicht wirklich verstanden haben. Dabei sind die vielen Träume, die uns in der Bibel erzählt werden, Worte des Lebens, weil sie in Erfüllung gegangen sind und so Leben vermittelt haben. Und ich bin davon überzeugt, daß das Wort Gottes nicht nur in diesen biblischen Träumen, sondern, damit zusammenhängend, auch heute in Träumen, in Visionen Gestalt annimmt und an uns ergeht. Nur müssen wir dies zulassen, lebhaft wünschen und auch dabei mitspielen. Und so wäre es auch das Natürlichste auf der Welt, wenn gerade glaubende Menschen unendlich viel träumen möchten und würden, wenn unzählige Visionen tagtäglich von ihnen ausgingen und den Alltag dieser Welt durchfluten könnten!

Wirkliche Träume und Visionen sind etwas Ursprüngliches und Lebendiges, sie entwickeln Turbulenzen und entfalten eine ungeheure Dynamik. Glaubende als die größten Visionäre, als die Menschen mit den meisten und intensivsten Träumen – das wäre es, das wäre biblisch!

Wenn ich Realist bin, muß ich klagend feststellen, daß wir (zumindest im sogenannten Abendland) uns weit davon entfernt haben, daß wir denen glauben, die uns einreden, wir sollten zu träumen aufhören, daß wir den falschen Propheten unser Ohr leihen, denen Vision ein Hindernis für ihre Etablierung und ihre Machtausübung sind, und daß wir uns mit denen verbünden, die ihre „Ruhe" haben wollen und deshalb Angst vor Träumenden und deren Visionen haben. Aber da ich persönlich nicht nur Realist sein will, sondern auch Träumender, möchte ich die Vision zulassen, daß die vielen Visionäre vor allem der sogenannten jungen Kirche (etwa in Gebieten Südamerikas, Afrikas, Asiens) so intensiv und spannend träumen und auch Träume realisieren, daß sie viele von uns noch gehörig aufwecken werden. Ich träume davon, daß sie uns immer mehr zurufen werden: Rafft euch doch auf, brecht auf aus der todbringenden Etablierung, aus der pharisäerhaften Ruhe und schaut mit uns große Visionen, wie sie sich uns aus der Frische des Glaubens auftun! Unsere Träume werden sich verbinden. Wir werden die Wüste verlassen und die Oasen entdecken. Wir werden eine sprudelnde Quelle nach der anderen entdecken, und unser Horizont wird sich grenzenlos erweitern und uns so aus aller Enge herausführen. Vorerst werden es nur Träume sein. Aber wenn wir mittun, werden sie Gestalt annehmen, Stück für Stück. Was wird das für ein großes Fest sein! Und das Schöne daran ist: es sind alle eingeladen!

Sind Ihnen, lieber Leser, derartige Träume unangenehm, zu kühn, zu sehr Vision?

Wenn mich diese Angst überkommt oder wenn andere sie mir einreden wollen, dann nehme ich die Heilige Schrift zur Hand und versuche, auf die darin erzählten Wirklichkeiten hinzuhören, mich auf sie einzulassen und mich mit ihnen zu identifizieren. Dann habe ich eigentlich keine Angst mehr vor Träumen und Visionen. Dann tut es mir höchstens leid, daß ich bisher schon so viele Gelegenheiten zum Träumen versäumt habe. Aber dieses Versäumnis kann ich nachholen, indem ich in Zukunft noch viel offener bin für Träume (diese Vision habe ich übrigens auch aus der Bibel).

Übrigens, Seelsorge ist für mich zunächst einmal wesentlich Befähigung und Ermutigung zum Träumen, Hinführung zu Visionen. Darin sehe ich auch die Aufgabe einer verantwortlichen Erziehung. Hilfe zur Mensch-werdung, zum Mensch-sein hat zunächst mit Vermittlung von Visionen, mit Erwecken der Traumfähigkeit zu tun.

Um jetzt nicht mißverstanden zu werden, ist der Zeitpunkt gekommen, um einen gehörigen Einwand gegen das Gesagte nicht zu übergehen: Besteht nicht die ganz große Gefahr, daß Träume und Visionen zu einer Droge werden können, die ich verteile bzw. besorge, weil ich anders nicht mehr über die Runden komme? Ist nicht dann das Erwachen, das Nachlassen dieser Droge, die Rückkehr vom Traum in die Realität so bitter frustrierend, daß dann eine tödliche Leere entsteht? Droht nicht hier der verheerende Teufelskreis von Droge, Leere und Sucht, der dann letztlich in den Tod führt?

Ich meine, diese Einwände wären dann berechtigt, wenn Träume ohne wirklichen Inhalt, Träume als bloßes (Schein-)Mittel, eben als Droge angepriesen würden. Ich habe deswegen die Rückbindung an die Menschen der Bibel vorgenommen, weil gerade sie bezeugen, daß es sehr wohl Träume und Visionen gibt, die in sich schon die Aufforderung zu deren Realisierung haben, die in sich auch Geschenk und so Angeld für Verwirklichung sind.

Als Glaubenden drängt es mich, auch anzunehmen, daß der Traum, die Vision – ähnlich wie das Wort (die innere Verwandtschaft liegt ja auf der Hand) – eine Möglichkeit der Kommunikation zwischen Gott und Mensch ist. In der Droge, so wissen wir aus Untersuchungen, wird Raum und Zeit nur scheinbar überwunden. Dagegen bahnt sich dieser Vorgang in der Vision, wie ich sie verstehe, als Wirklichkeit an, also als tatsächliche Grenzüberschreitung. Drogen decken Probleme zu und fesseln durch die Sucht, Träume und Visionen dagegen zeigen Lösungen auf und befreien durch das Offenstehen der Zukunft.

Ist es nicht in der Tat so, daß übertriebene Angst vor der Zukunft schon an sich zukunftszerstörend ist. Und es sind auf jeden Fall zu viele, die geradezu mit Hingabe Samenkörner der Angst vor Zukunft säen und diese dann eifrig gießen und düngen, damit sie gut wachsen. Viele von uns bieten fruchtbaren Boden für diese verhängnisvolle Aussaat. Wir sollten dagegen protestieren und mit unseren Visionen aufzeigen, daß Angst und Hoffnungslosigkeit keine Wege sein können, um Zukunft zu bewältigen. Es kann doch nicht menschenwürdig sein, Zukunft in angstvoller Haltung einfach passiv auf sich zukommen zu lassen. Zukunft kann und muß von uns gestaltet werden. Unsere Vergangenheit und auch die Gegenwart sollten uns doch aufzeigen, daß dies möglich ist. Ich bin überzeugt, daß gute Ehen und

Familien ihren Anfang und ihre Mitte in Visionen haben, daß blühende Christengemeinden ihren Ursprung aus dem Visionären herleiten, daß alle großen und kleinen schöpferischen Leistungen der Menschen visionär begonnen haben... Müssen wir uns da nicht armselig vorkommen, wenn wir uns heute hinsetzen und so tun, als wären wir am Ende? Ist das nicht geradezu sündhaft? Bestätigt sich da nicht, daß Traumlosigkeit und Hoffnungslosigkeit Geschwister sind?

Was ist zu tun, wozu drängt es uns? Kann man träumen lernen? Das Wichtigste ist wohl, das Haupt wieder zu erheben, Augen, Ohren und vor allem das Herz zu öffnen und die Hände auszustrecken. Ein weiterer Schritt, den wir einüben sollten, wäre dann, die Fixierung auf das Negative zu durchbrechen und bewußt Ausschau zu halten nach dem Großen, Guten, Schönen, Wahren, Wertvollen, Wesentlichen und Heilenden, und zwar vor allem im Kleinen.

Ich kann bei einer Wanderung in der Natur die aufziehenden Regenwolken anstarren, mich hineinsteigern und alles nur mehr grau in grau sehen. Aber ich kann auch auf die trotz der dunklen Wolken blühenden Wiesen schauen und mir ausmalen, wie frisch und farbenfroh diese Blumen beim nächsten Sonnenschein dastehen werden. Gibt es nicht viele ähnliche Situationen in unserem täglichen Leben?

Wer das Geschenk des Glaubens annimmt, darf hier überhaupt unendlich viel Zuversicht walten lassen. Der Glaubende weiß, daß Gott nichts unmöglich ist und daß damit für uns Menschen so vieles möglich wird, daß selbst unsere größten und dichtesten Visionen gar nicht ausreichen, um diese Möglichkeiten auch nur annäherungsweise ins Blickfeld zu bekommen. Das ist faszinierend, befreiend und beglückend. Denn ausgehend von der sicheren Verheißung, daß wir auf Zukunft hin geschaffen sind, werden meinen Träumen und Visionen einfach keine Grenzen mehr gesetzt. Und diese Träume sind keine weltfremden, inhaltsleeren Träumereien im Sinne von Hirngespinsten und Gefühlsduseleien, sondern Visionen, die ein reales Fundament haben, Vergangenheit und Gegenwart nicht außer acht lassen und die Realität nicht verabsolutieren und einzementieren, sondern die Umwandlung dieser Realität zu einer noch besseren Realität für möglich halten. Diese Visionen sind keine Fluchtwege für Untaugliche und Arbeitsverweigerer, nicht das Ergebnis langfristiger Frustrationen, sondern Ausdruck einer Sendung zur Gestaltung des eigenen Lebens und der verantwortlichen Mitgestaltung dieser Erde, der schon erfahrenen Zuversicht entspringend, daß wir auf Zukunft hin geschaffen sind und diese gestalten sollen.

Wir müssen darum beten, daß einige von uns so heftige und erschütternde Visionen haben, daß sie uns alle wachrütteln und wachhalten, daß sie uns in eine belebende Unruhe versetzen, daß sie uns anstecken, damit auch unsere Visionen aufbrechen und wir die Zukunft förmlich hereinholen in unsere Gegenwart.

Träumen

Wüste blühen sehen
Wasser sprudeln lassen
Zum Sonnenaufgang aufbrechen
Die Hand reichen
Das Herz teilen
Mehr sehen
Höher gehen
Vom Morgen fasziniert sein
Mit dem Frieden selbst beginnen
Gottvertrauen entwickeln
Hand anlegen
Anders werden können
In der Dunkelheit das Licht entdecken
Brücken bauen
Unmögliches für möglich halten
Angst zur Hoffnung werden lassen
Bausteine ausgeben und annehmen
Die Stadt auf dem Berge sehen
Zum Gipfel weitergehen
Zeit zum Träumen nehmen
Um Kraft zum Handeln bitten
Heute noch bereit machen
Einschneidende Veränderungen für möglich halten
Wege ebnen
Umkehr vollziehen
Vom Schlafe aufstehen
Wüste blühen sehen

JETZT LIEGT ES AN MIR

Wir leben heute in einer Konsumgesellschaft. Vieles wird uns angepriesen, eingeredet und als machbar dargestellt. Fast alles wird uns in das Haus geliefert. Wer meint, daß auch Lebensglück im Supermarkt unserer Gesellschaft gekauft und mit nach Hause genommen werden kann, wird zumindest längerfristig gewaltig enttäuscht werden. Ich kann mir natürlich für meine Lebensgestaltung rundherum Anleihen nehmen, aber Erfüllung werde ich nur finden, wenn ich selber aktiv werde, Wege suche und Entscheidungen treffe.

Wo immer Passivität und Resignation in den Vordergrund treten, ist Leben bedroht. Denn dann laufe ich Gefahr, meine Freiheit und Verantwortung abzutreten, meine Lebensgestaltung anderen zu überlassen, von allen Seiten manipuliert zu werden und so tatsächlich mein Leben aus der Hand zu geben. Aggressivität, Unzufriedenheit, innere Leere und, damit verbunden, Erfahrungen von Sinnlosigkeit stellen sich rasch ein.

In diesem Buch sollten Impulse gegeben werden, vorhandene Lebensmöglichkeiten verstärkt selber wahrzunehmen und neue zu entdecken. Dies soll einerseits das Ich stärken, andererseits aber auch neue Möglichkeiten des Miteinander eröffnen.

Die hier vorgelegten Gedankengänge und „Lebensversuche“ dürfen nicht rezeptartig und kritiklos in die persönliche Lebensgeschichte übernommen werden. Es gilt vielmehr, die eigene Kreativität anzusprechen und auszuschöpfen, Visionen breitesten Raum zu geben und sie schrittweise zur Realität zu machen.

Miteinander leben lernen ist möglich, wenn ich dies als aktiven Vorgang verstehe, wenn ich „lernen“ nicht als primitives „abschauen“ und „nachmachen“, sondern als kreatives Einüben interpretiere, wenn ich mit gesundem Selbstbewußtsein und Selbstverständnis die Verwiesenheit auf meine Mitmenschen bejahe und wenn ich mit anderen gemeinsam den Blick erhebe und das Herz öffne, um Ausschau zu halten nach dem, der geheimnisvoller Spender und Inhalt dessen ist, was wir Fülle des Lebens nennen.

Jetzt liegt es an mir,

ob ich wieder zur Tagesordnung übergehe oder eine Veränderung wage,
ob ich mich weiter manipulieren lasse oder meinen Weg selbst bestimme,
ob ich mich selbst aufgebe oder zu mir selber finde,
ob ich Gemeinschaft suche oder in die Masse fliehe bzw. Vereinsamung zulasse,
ob Vergangenheit mich lähmt oder Zukunft mich antreibt,
ob ich liegen bleibe oder mich erhebe und aufrichten lasse,
ob ich mich mit Begrenzung abfinde oder in die Grenzenlosigkeit vorstoße,
ob ich mich selbst zum Inhalt meines Lebens mache oder mich Gott ausliefere,
ob ich beim alten bleibe oder ein neuer Mensch werde.

Jetzt liegt es an mir,

welche Visionen ich zulasse,
welche Wege ich gehe,
welche Möglichkeiten ich entdecke,
welche Sehnsüchte ich erlaube,
um wieviel Mut und Kraft ich bitte,
wieviele Widerstände zu überwinden ich bereit bin,
wieviel ich schenke und wieviel ich mir schenken lasse,
wieviel an Ehrfurcht ich aufbringe.

Jetzt liegt es an mir,
wie sehr ich selber zur Hoffnung werde.

Vorankündigung

Im Herbst dieses Jahres erscheint der zweite Band der Reihe Wegweiser zum Leben. *Das Thema: Literatur als Lebenshilfe. Das Buch bricht mit der herkömmlichen Vorstellung, daß umfangreiche wissenschaftliche Vorkenntnisse nötig seien, will man den Erfahrungen in den Texten von Schriftstellern nachgehen. Was primär verlangt ist, ist Mut. Mut, sich mit Geschriebenem allein und im Gespräch mit anderen auseinanderzusetzen.*

So will denn auch dieser Band zum bewußten Umgang mit Literatur ermuntern und den Leser anregen, sie als eine Möglichkeit zu entdecken, Atem zu schöpfen im Trubel des Gewohnten, dem eigenen Leben Ausdruck zu geben und sich dem Nützlichkeitsanspruch unserer Umwelt zu widersetzen.

Die Autorin, promovierte Germanistin, ist als AHS-Lehrerin und in der katholischen Erwachsenenbildung an führender Stelle tätig. Zu ihren persönlichen Arbeitsschwerpunkten zählen neben der musischen Bildung die Entwicklung von Modellen für die Literaturarbeit mit Erwachsenen, Mitarbeiterausbildung, Selbsterfahrung und Kommunikation.